Hansjürgen Wenzel: Lokomotiven ziehen in den Krieg

Hansjürgen Wenzel

Lokomotiven ziehen in den Krieg

Fotos aus dem Eisenbahnbetrieb im Zweiten Weltkrieg

Verlag Josef Otto Slezak
Wien 1977

Hansjürgen Wenzel stellte den Einleitungstext sowie die Daten zu den Fotos aus seiner Sammlung und aus dem Bundesarchiv Koblenz zusammen. Die Texte zu den Fotos von Herrn Dipl.-Ing. Kurt Wenzelburger stammen von diesem selbst, die zu den anderen Bildern wurden von Dr. Friedrich Slezak und Josef Otto Slezak verfaßt. Aus der Sammlung ihres Vaters Josef G. Slezak (1887–1976) stammen die meisten aus zeitgenössischen Publikationen wiedergegebenen Bilder und Berichte. Der Verleger dankt überdies folgenden Herren für freundliche Mithilfe bei der Beschaffung von Bildern und Detailangaben: Othmar Bamer, Cornelius van der Beek, Dipl.-Ing. René Desbalmes, Adolf Hofbauer, Karl Meindl, Ir. A. D. de Pater, Hans Peter Pawlik, Dr. Hans Pötschner, Hans Sternhart, Hanns Stockklausner, Docteur Jean Vial, Ing. Peter Wegenstein.

Titelbild: Die DRB-Lokomotive 38 2640 vom Betriebswerk Euskirchen während des Frankreich-Feldzugs. Links von der Türöffnung erkennt man schwach ein Plakat 'Achtung, Spione – (Vorsicht bei) Gesprächen'. *Sammlung Bundesarchiv*

ISBN 3-900134-23-5

Band 10 der Schriftenreihe *Internationales Archiv für Lokomotivgeschichte* (IAL 10)
Das Buch enthält 400 Fotos und Skizzen
Lektorat: Dr. Friedrich Slezak
Bild-Layout: Ilse Slezak

Druck: Neuhauser OHG, Neutorgasse 16, A-1010 Wien 1

Inhalt

Abkürzungen

AL	Alsace-Lorraine / Elsaß-Lothringen
AOK	Armeeoberkommando
BBÖ	Österreichische Bundesbahnen (B.B. Österreich; 1921–1938)
BDŽ	Blgarski Državni Železnici / Bulgarische Staatsbahnen
BMB	Böhmisch-Mährische Bahnen (auch BMB-ČMD)
BRD	Bundesrepublik Deutschland
Bw	Bahnbetriebswerk
CCCP	siehe UdSSR
CFR	Căile Ferate Române / Rumänische Staatsbahn
ČSD	Československé Státní Dráhy / Tschechoslowakische Staatsbahnen
DR	Eigentumskennzeichen der Deutschen Reichsbahn auf Schnellzug- (seit 1938) und Güterwagen (seit 1942)
DRB	Deutsche Reichsbahn (1920–1945)
Ffm	Frankfurt am Main
Flak	Flugzeugabwehrkanone
FS	Ferrovie dello Stato / Italienische Staatsbahnen
Gebus	Gebus-Lokomotiven-Konstruktions- und Vertriebsgesellschaft Ing. M. Gelinek & Ing. O. Judtmann, Wien und Salzburg (1921–1961)
GySEV	Győr–Sopron–Ebenfurti Vasut / Raab–Ödenburg–Ebenfurter Eisenbahn (RÖEE)
HBD	Haupteisenbahndirektion, nach 1942 → RVD
Hbf	Hauptbahnhof
ISG	Internationale Schlafwagen-Gesellschaft
JDŽ	Jugoslovenske Državne Železnice / Jugoslawische Staatsbahnen, seit 1956 → JŽ
JŽ	Jugoslovenske Železnice / Jugoslawische Eisenbahnen
Lkw	Lastkraftwagen, Lastauto
MÁV	Magyar Államvasutak / Ungarische Staatsbahnen
NAG	Neue Automobil-Gesellschaft, Berlin-Oberschöneweide
NSDAP	Nationalsozialistische Deutsche Arbeiterpartei
ÖBB	Österreichische Bundesbahnen (seit 1945; steht auch für ÖStB)
OKH	Oberkommando des Heeres
OKW	Oberkommando der Wehrmacht
OR	(Reichsbahn-) Oberrat
ÖStB	Österreichische Staatseisenbahnen (1945–1947)
OT	Organisation Todt (halbmilitärische Bautruppen, anfänglich unter Leitung von Fritz Todt, 1938–1945)
PKP	Polskie Koleje Państwowe / Polnische Staatsbahnen
RAW	Reichsbahnausbesserungswerk
RBD	Reichsbahndirektion
RVD	Reichsverkehrsdirektion
SNCB	Société Nationale des Chemins de fer Belges / Belgische Staatsbahngesellschaft
SNCF	Société Nationale des Chemins de fer Français / Französische Staatsbahngesellschaft
Stuka	Sturzkampfflugzeug (der deutschen Luftwaffe)
TH	Technische Hochschule
UdSSR	Union der Sozialistischen Sowjetrepubliken (zyrillisch: CCCP)
Uffz.	Unteroffizier
USA	United States of America, United States Army

Obwohl die Erbauer der ersten Eisenbahnen deren Nutzen für friedliche Aufbauarbeit im Auge hatten, erkannten die Militärs bald ihre Bedeutung für den Krieg. In fast allen Kriegen der letzten hundert Jahre spielte die Eisenbahn eine bedeutende Rolle. Aus der großen Zahl von Fotografien, die während des Zweiten Weltkriegs Soldaten, Eisenbahner und Angehörige der Propagandakompanien (PK) angefertigt haben, sind hier einige markante Eisenbahnszenen ausgewählt. Der Großteil stammt aus der umfangreichen Sammlung des Bundesarchivs Koblenz. In dessen Bildarchiv haben die Herren Dr. Haupt und Schwarze dem Verfasser besonders bereitwillig und geduldig Hilfe geleistet, wofür ihnen herzlichst gedankt sei.

Der vorliegende Band bietet eine Bilddokumentation. Ein ausführlicher Text erübrigt sich, weil nun die beiden umfassenden Werke von *Eugen Kreidler* und *Hans Pottgießer* (2. Auflage)[1] vorliegen. Da ihre Illustrationen allerdings knapp gehalten sind, sollen hier also in erster Linie die Abbildungen zum Beschauer sprechen.

Den Zusammenhang zwischen diesen Bildern und dem historischen Ablauf mögen einige Worte über den Kriegsverlauf und die Eisenbahnorganisation in den von deutschen Truppen besetzt gewesenen Ländern herstellen. Da zu vielen Bildern der Zeitpunkt der Aufnahme nicht bekannt ist, sind sie nicht chronologisch angeordnet, sondern regional zusammengefaßt.

Zunächst betrieb das nationalsozialistische Deutschland unter seinem 'Führer' Adolf Hitler die sogenannte 'nationale Wiedergeburt' ohne kriegerische Mittel, wenngleich mitunter bereits 1936 oder 1938 bloß das Zaudern und die Uneinigkeit der Westmächte sowie deren falsche Einschätzung der militärischen Stärke des Deutschen Reiches einen Krieg hintangehalten hatten. Am 1. 3. 1935 kehrte das nach dem Weltkrieg abgetrennte Saargebiet zum Deutschen Reich zurück. Am 16. 3. 1935 führte Hitler die allgemeine Wehrpflicht ein und am 7. 3. 1936 besetzten deutsche Truppen das entmilitarisierte Rheinland. Am 18. 10. 1936 betraute Adolf Hitler Hermann Göring mit der Durchführung eines Vierjahresplans, welcher Deutschland von ausländischen Einfuhren unabhängig (autark) machen sollte. Entsprechende Sparmaßnahmen wirkten sich auch auf die Reichsbahn aus: Ausmusterungsstopp und weitgehende Verwendung von 'Heimstoffen' (= heimisches Material) im Lokomotivbau.

Zu dieser Zeit fanden das nationalsozialistische Deutschland und das faschistische Italien endgültig zusammen: Abschluß eines Paktes ('Achse' Berlin-Rom) am 14. 10. 1936, Besuch des 'Duce' (= Führer) Benito Mussolini in Berlin (September 1937) und Beitritt Italiens zum 1936 zwischen Deutschland und Japan geschlossenen Antikominternpakt (Komintern = Kurzform für *Kommunistische Internationale)* am 6. 11. 1937. Hitler jedenfalls verschaffte sich bei seinem Achsenpartner Rückendeckung für die geplanten Aktionen, nämlich die 'Neuordnung Europas' nach seinen Vorstellungen. Nach etlichen Intrigen marschierte am 12. März 1938 die Deutsche Wehrmacht in Österreich ein, formell durch dessen willfährigen NS-Bundeskanzler Artur Seyß-Inquart 'zu Hilfe' gerufen. Flugs ist ein rasch konzipiertes Gesetz über die 'Wiedervereinigung' Österreichs mit dem Deutschen Reich zur Hand.

Die Weltöffentlichkeit fand sich damit rasch ab[2]. Hitler hatte jedoch bereits ein neues Ziel ausgemacht. In der Tschechoslowakei lebten etwa 2,2 Millionen Deutsche, die von der Zentralregierung in Prag mehr Autonomie und mehr Gleichberechtigung forderten. Unruhen im deutschen Landesteil beantwortete die tschechoslowakische Regierung mit einer Teilmobilmachung (20. 5. 1938). Nach weiterer Verschärfung der Lage versuchten die Westmächte,

---

1 E. Kreidler: *Die Eisenbahnen im Machtbereich der Achsenmächte während des Zweiten Weltkrieges – Einsatz und Leistung für die Wehrmacht und Kriegswirtschaft*; 440 Seiten, 47 Fotos, Dokumente, Karten, Statistiken und reiche Literaturhinweise; H. Pottgießer: *Die Deutsche Reichsbahn im Ostfeldzug 1939–1944*; 2., erweiterte Auflage, 155 Seiten, 25 Abbildungen, 3 Skizzen, 5 Anlagen (auch Bahnübersichtskarte).

2 Offiziell haben nur Chile, China, Mexiko, Rot-Spanien und die Sowjetunion gegen die Okkupation Österreichs protestiert.

besonders der britische Ministerpräsident Neville Chamberlain, den Frieden noch einmal zu retten. Nach dem Münchener Abkommen vom 29. 9. 1938 zwischen England, Frankreich, Italien und Deutschland mußte die Tschechoslowakei die vorwiegend deutsch besiedelten Landesteile an das Deutsche Reich abtreten. Vom 1. bis 10. 10. 1938 marschierte die Wehrmacht ein. Im folgenden Jahr brachten deutsche Quertreibereien auch die Rest-Tschechoslowakei zu Fall. Am 14. 3. 1939 etablierte sich ein selbständiger Slowakischer Staat unter Josef Tiso und schloß mit dem Deutschen Reich am 18. 3. 1939 den Vertrag über das Schutzverhältnis zwischen dem Deutschen Reich und dem Slowakischen Staat. Eine ebenfalls am 14. 3. 1939 proklamierte 'unabhängige' Karpato-Ukraine bestand nur kurz, denn innerhalb dreier Tage (16. bis 18. März 1939) besetzte Ungarn dieses vorher tschechoslowakische Gebiet. An demselben Tag legte der tschechoslowakische Staatspräsident Hácha, in Berlin massiv erpreßt, das Schicksal des tschechischen Volkes 'vertrauensvoll' in die Hände des 'Führers'. Daraufhin besetzte Deutschland die tschechischen Stammländer und nannte sie nun 'Protektorat Böhmen und Mähren'.

Diese Ereignisse ergaben einschneidende Veränderungen in der Organisation der Eisenbahnen. Bereits am 18. 3. 1938 gingen die Österreichischen Bundesbahnen in der Deutschen Reichsbahn auf. Nach Abtretung des Gebiets der Reichsbahndirektion Innsbruck an die Reichsbahndirektionen Augsburg und München am 15. 7. 1938 bestanden auf dem ehemals österreichischen Gebiet nur mehr die Direktionen Linz, Villach und Wien. Am 10. 10. 1938 teilte die Reichsbahn die übernommenen ČSD-Strecken den Direktionen Wien, Linz, Regensburg, Dresden, Breslau und Oppeln zu. Alle besetzten Gebiete erhielten von 1938 an Reichsbahnlokomotiven, namentlich Güterzugstypen, zugeteilt. In der Rest-Tschechoslowakei bestanden nun die Böhmisch-Mährischen Bahnen (BMB/ČMD) und die Slowakischen Eisenbahnen (SZ)[3].

Noch im Jahre 1939 vergrößerte sich der deutsche Machtbereich durch die Rückkehr des Memelgebiets, welches dem Deutschen Reich 1922 nach der Besetzung durch litauische Freischärler ohne rechtliche Grundlage entrissen worden war; seine Bahnen wurden am 23. 3. 1939 der Reichsbahndirektion Königsberg angegliedert. Die nächste Erweiterung des Reichsgebiets allerdings löste den Krieg aus. Ein am 26. 1. 1934 mit Polen geschlossener Freundschaftsvertrag brachte keine Lösung der offenen Fragen (Minderheiten, Korridorverkehr, Freie Stadt Danzig). Bestärkt durch den 'Stahlpakt' zwischen Italien und dem Deutschen Reich (22. 5. 1939) und begünstigt durch die schroffe polnische Ablehnung deutscher Vermittlungsvorschläge sowie eine langsame deutsch-sowjetische Annäherung, beschloß Hitler die kriegerische 'Lösung' dieses Problems. Nach dem überraschenden deutsch-sowjetischen Nichtangriffspakt vom 23. 8. 1939, der die Interessensphären beider Staaten abgrenzte, marschierte die Deutsche Wehrmacht am 1. 9. 1939 in Polen ein. Am 17. 9. 1939 begann die Sowjetunion mit der Besetzung Ostpolens, am 18. 9. 1939 trafen sich deutsche und sowjetische Truppen in Brest-Litowsk, am 27. 9. 1939 kapitulierte Polen. Dieser 'Blitzkrieg' selbst war weitgehend ohne Zutun der Reichsbahn abgelaufen, was zur Folge hatte, daß die Eisenbahn für die deutsche Heeresführung Stiefkind blieb, keine nachhaltige Unterstützung erfuhr und später ungerüstet den Anforderungen des Rußlandfeldzugs gegenüberstand.

Noch im Oktober 1939 verleibte sich das Deutsche Reich nicht nur die 1918/20 abgetretenen Gebiete Westpreußens, der Provinz Posen und Ost-Oberschlesiens ein, sondern zog die Reichsgrenze bis kurz vor Warschau und Tschenstochau. Die Reichsbahndirektionen Posen und Danzig entstanden neu, Oppeln, Breslau und Königsberg erhielten Gebietszuwachs. Auf

---

3 Näheres dazu in den Büchern *ČSD-Dampflokomotiven* und *Die Lokomotiven der Republik Österreich*, beide im Verlag Slezak, Wien, erschienen.

Grund des Abkommens zwischen dem Reichsverkehrsministerium (RVM) und dem Generalgouverneur für das polnische Restgebiet (Generalgouvernement = GG) erhielt dessen Bahnnetz den Namen *Ostbahn* (Direktionsbezirke Krakau, Lublin, Radom und Warschau). Die Ostbahn stand im Eigentum des GG und besaß eigene Fahrbetriebsmittel, doch kamen fast alle ehemals deutschen PKP-Lokomotiven bis zum Frühjahr 1940 ins Reichsgebiet. Sitz des Generalgouverneurs und des Generaldirektors der Ostbahn war Krakau[4]. Nur ein halbes Jahr nach der Eroberung Polens besetzten deutsche Truppen Dänemark und Norwegen (vom 9. 4. 1940 an). In beiden Staaten beließ Deutschland die bodenständigen Eisenbahnorganisationen.

Am 10. 5. 1940 begannen Wehrmacht und Luftwaffe den Westfeldzug. Es galt, Frankreich zu bezwingen, dessen Grenzbefestigung (Maginot-Linie) auf deutscher Seite bereits im Oktober 1938 ihr Gegenstück, den Westwall (für den die Reichsbahn zeitweise 200 Güterzüge mit Baustoffen täglich stellen mußte), erhalten hatte. Da die Maginot-Linie unüberwindbar schien, bot sich Hitler ein willkommener Vorwand, über Belgien einzumarschieren und gleichzeitig Belgien, die Niederlande und Luxemburg zu besetzen. Bereits am 28. 5. 1940 kapitulierte Belgien. Am 11. 6. 1940 erklärte Italien, wohl in der Hoffnung auf Zuwachs im Gebiet von Nizza, Frankreich den Krieg. Am 17. 6. 1940 bot die neugebildete Regierung Pétain den Waffenstillstand an, der am 22. 6. 1940 im historischen ISG-Schlafwagen Nr. 2419 D im Wald von Compiègne unterzeichnet wurde. Frankreich zerfiel in eine besetzte und eine unbesetzte Zone. Nachdem im April 1941 wohl im Zusammenhang mit der Vorbereitung des Rußlandfeldzugs eine Truppenreduzierung eingetreten war, besetzten deutsche Truppen im Herbst 1942 ganz Frankreich.[5]

Im Westen wurden Elsaß-Lothringen, Luxemburg sowie das Gebiet um Eupen-Malmedy und Moresnet dem Deutschen Reich zugeschlagen. Die Reichsbahndirektionen Karlsruhe und Saarbrücken betrieben die Bahnen Elsaß-Lothringens als fremde Bahnen für Rechnung der Reichsbahn, ohne daß die Fahrzeuge umgezeichnet wurden. 1942 und 1943 gingen die Bahnen Luxemburgs an die RBD Saarbrücken über. Die Bahnen 'Neubelgiens' (Eupen-Malmedy) gingen schrittweise am 10. 5. 1940, 4. 11. 1940 und 11. 12. 1940 an die RBD Köln. Im übrigen beließ man auch in Belgien, den Niederlanden und Frankreich die bisherige Eisenbahnorganisation. Für die Bedürfnisse der Besatzungstruppen entstanden die Heeresverkehrsdirektionen, später Wehrmachtsverkehrsdirektionen (HVD bzw. WVD), Brüssel und Paris.

Nun verlegten die 'Achsenmächte' ihre kriegerischen Aktionen auf die Balkan-Halbinsel. Italien besetzte im April 1939 Albanien und marschierte am 28. 10. 1940 in Griechenland ein. Daraufhin besetzte Großbritannien Kreta. Nachdem im Sommer 1940 die rumänischen Landesteile Bukowina und Bessarabien von der Sowjetunion besetzt worden waren, schlossen sich dem Dreimächtepakt (auch Dreierpakt; am 27. 9. 1940 von Deutschland, Italien und Japan unterzeichnet) Ungarn (20. 11. 1940), Rumänien (23. 11. 1940), die Slowakei (23. 11. 1940), Bulgarien (1. 3. 1941) und Jugoslawien (25. 3. 1941) an. Ebenso wie in Rumänien faßten deutsche Truppen nunmehr in Bulgarien als 'Berater' Fuß. Am 25. 3. 1941 unterzeichneten jugoslawische Vertreter in Wien den Beitritt zu jenem Pakt. Die zurückkehrende Delegation wurde in Belgrad jedoch verhaftet; es kam zum Putsch. Die neue Regierung schloß am 5. 4. 1941 mit der UdSSR einen Nichtangriffspakt, welchen Deutschland, Ungarn und Italien mit dem

4 Nach dem Einfall in die Sowjetunion wurde das Generalgouvernement um den Raum Lemberg erweitert und von 1943 an bestanden nur noch drei Ostbahndirektionen (OBD), nämlich Krakau, Lemberg und Warschau. Eine Sonderstellung nahm der Bezirk Bialystok ein, welcher zum Generalgouvernement gehörte, jedoch der RBD Königsberg unterstellt war, die die Strecken jenes Bezirks als fremde Bahnen für Rechnung der Reichsbahn betrieb.

5 Eine vorzügliche Dokumentation (reich illustriert) über den Waffenstillstandwagen 2419 verfaßte Roger Commault: *Histoire de la Voiture-Restaurant N^O^ 2419 D – Le Wagon de l'Armistice*, Uzes, 1969.

Einmarsch beantworteten. Schon am 12. 4. 1941 fiel Belgrad, nachdem am 11. 4. 1941 in Agram ein kroatischer Staat ausgerufen worden war, der sich mit Deutschland verbündete. Am 17. 4. 1941 waren die Kämpfe in Jugoslawien beendet; bis 27. 4. 1941 war auch ganz Griechenland besetzt. Deutschland wurde auf Kosten jugoslawischen Staatsgebiets um Unterkrain und die Untersteiermark vergrößert, weitere Gebietsteile gingen an Ungarn, Italien und Bulgarien, während aus dem Rumpfjugoslawien die Staaten Serbien und Kroatien hervorgingen. Dementsprechend blieben die Griechischen Staatsbahnen bestehen, die Serbischen und die Kroatischen Staatsbahnen entstanden neu (SDŽ und HDŽ).

Die nächste, für das Deutsche Reich tödliche Aktion richtete sich gegen die Sowjetunion. Trotz Bestehens eines Nichtangriffspakts war klar, daß zwischen diesen beiden entgegengesetzten Ideologien eigentlich nur ein Stillhalteabkommen ausgehandelt worden war, unter dessen Schutz jeder für sich im trüben fischen wollte. Während Hitlerdeutschland im Westen, auf dem Balkan und in Rumänien aktiv wurde, legte sich Stalin mit Finnland an und besetzte im Juni 1940 ohne Kriegserklärung Litauen, Estland und Lettland. Bereits am 31. 7. 1940 teilte Hitler bei einer Führerbesprechung den Wehrmachtschefs seinen Plan mit, die Sowjetunion anzugreifen. Am 18. 12. 1940 erteilte er die Weisung, den 'Fall Barbarossa' zu planen und die Vorbereitungen bis 15. 5. 1941 abzuschließen. Allerdings verzögerte sich der Überfall wegen des bereits geschilderten Engagements auf dem Balkan, zu dem sich Hitler, der 1938 dem 'Duce' Treue geschworen hatte, im Hinblick auf die drohenden Niederlagen Mussolinis gezwungen fühlte.

Am 22. 6. 1941 begann der Einmarsch in die Sowjetunion, der in gewohnter Blitzkriegsmanier rasche Geländegewinne und bisher nie gekannte Zahlen an Kriegsgefangenen und Beute mit sich brachte. Bis August 1941 waren Grodno, Wilna, Dünaburg, Riga, Lemberg, Bialystok, Pleskau, Minsk, Smolensk, Uman, Nikolajew, Nowgorod, Narwa, Dnjepropetrowsk und Reval in der genannten Reihenfolge eingenommen. Im Dezember 1941 scheiterte der deutsche Angriff auf Moskau an der entschlossenen Abwehr der sowjetischen Truppen und am russischen Winter, der die Truppen in Schlamm, Schnee und Eis steckenblieben ließ. Der Sommer 1942 brachte noch einmal große Geländegewinne bis zum Kaukasus hin, die sowjetische Winteroffensive vom 22. 11. 1942 an, deren Höhepunkt die Schlacht von Stalingrad war, warf die deutschen Streitkräfte unaufhaltsam zurück; auch die letzte Offensive, das Unternehmen 'Zitadelle' im Kursker Bogen, schlug fehl.

Eine intakte Eisenbahnorganisation bestand in den besetzten sowjetischen Gebieten nicht mehr. Obwohl die Reichsbahn dafür nicht gerüstet war, mußte sie dort die Hauptlast der militärischen Transporte tragen. Im Frühjahr 1941 stellte die Deutsche Wehrmacht im Reichsgebiet drei Feldeisenbahndirektionen auf, von denen die FBD 1 in Jugoslawien eingesetzt wurde. Sie wurde für den Rußlandfeldzug durch die FBD 4, später durch die FBD 5 ersetzt. Von Anfang 1942 an hießen diese Verbände der 'grauen' Eisenbahner (im Gegensatz zu den 'blauen' der Reichsbahn) Feldeisenbahnkommandos (FEKdo). Da das eroberte sowjetische Gebiet ein für die FEKdos zu großes Streckennetz umfaßte, bildete man für das rückwärtige Gebiet vier Haupteisenbahndirektionen (HBD) in Riga, Minsk (zunächst Brest-Litowsk), Kiew und Dnjepropetrowsk, denen die Betriebsleitung Ost, später die Zweigstelle Osten des Reichsverkehrsministeriums in Warschau-Praga (Osteis), am 1. 12. 1942 in GVD Osten umbenannt, vorgesetzt war. Von 1942 an hießen sie Reichsverkehrsdirektionen (RVD) und im September 1942 gesellte sich eine fünfte, Rostow, hinzu. Den Reichsverkehrsdirektionen mit Reichspersonal war nach Osten der Wirkungsbereich der FEKdos 5, 3, 2 und 4 (von Süden nach Norden) vorgelagert.

Die deutschen Eisenbahner hatten in den eroberten Gebieten mit großen Schwierigkeiten zu kämpfen, da die Sowjetunion Material, namentlich Fahrbetriebsmittel, nach Osten zurückgeführt hatte. In kurzer Zeit waren die Gleise von 1524 mm Spurweite auf 1435 mm umzunageln. Das 'Ostbauprogramm' umfaßte neben der Wiederherstellung und Erweiterung des Eisenbahnnetzes die Errichtung von Hochbauten, Lokomotivbehandlungsanlagen, Sicherungseinrichtungen und dergleichen, wozu Baustoffe und vollständige Einrichtungen aus dem Reichsgebiet erforderlich waren. Bereits im Winter 1941 machten sich an den Reichsbahnlokomotiven, die nicht für extreme Kältegrade konzipiert waren, die tiefen Temperaturen unangenehm bemerkbar, Pumpen und Leitungen froren ein. Es fehlten Auftauständе, Frostschutzvorrichtungen, Winteröl und vieles mehr. Infolge Personalmangels mußten weitgehend einheimische Eisenbahner aushelfen, die sich natürlich auch ihr Bild von der Frontlage machten und daher, verängstigt durch das oft verbrecherische 'Wirken' der deutschen Zivilverwaltung, verschwanden und sich den Partisanen anschlossen. Diese machten den deutschen Eisenbahnern am meisten zu schaffen. Anschläge gegen den Oberbau, gegen einsame Bahnhöfe oder Blockstellen oder oft auch gegen fahrende Züge waren an der Tagesordnung und hatten nicht nur Lokomotiv- und Wagenbeschädigungen, sondern viel empfindlichere Streckenunterbrechungen zur Folge. Zusätzliches Personal benötigten daher die ständig erforderlichen Minensuchtrupps. Wegen der vielen im Oberbau versteckten Sprengladungen liefen meist an der Zugspitze zwei leere Güterwagen, sodaß eine ausgelöste Mine bloß diese zerstörte, nicht aber die wertvollere und schwerer wegzuräumende Lokomotive. Diese Vorsichtsmaßnahme beantworteten die Partisanen mit der Verwendung von Zeitminen. Die Ausfälle waren erheblich. Am 30. 6. 1943 waren von 6757 an die RVD verliehenen DRB-Lokomotiven 4472, von 1707 an die FEKdos verliehenen Lokomotiven nur 1075 betriebsfähig. Einige Transporte im Frontgebiet wickelten die deutschen Truppen auf Breitspur mit Beutefahrzeugen, oft mit *Deutsche Wehrmacht* beschriftet, ab.

In einigen wegelosen Gebieten der Ukraine und Mittelrußlands legten die deutschen Eisenbahntrupps Schmalspurbahnen an, deren Haltepunkte sie oftmals mit heimatlichen Namen versahen ('Bahnhof Börse', 'Bahnhof Ulm'). Für diese Bahnen sowie für die Industriebahnen im besetzten Teil der Sowjetunion mußten deutsche Kleinbahnen oder auch Werke des Reichsgebiets Lokomotiven abgeben.

Enorme Leistungen mußte die ohnehin schon stark angeschlagene Reichsbahn in den letzten beiden Kriegsjahren im Rahmen des deutschen Rückzugs an allen Fronten erbringen. Am 10. 7. 1943 landeten Amerikaner und Briten in Sizilien. Daraufhin verkündete die nach dem Sturz Mussolinis eingesetzte Regierung Badoglio am 8. 9. 1943 den insgeheim mit den Alliierten vorbereiteten Waffenstillstand. Am 12. 9. 1943 befreiten deutsche Soldaten Mussolini in einer spektakulären Aktion aus alliierter Gefangenschaft; er rief in Norditalien die (faschistische) 'Repubblica Sociale Italiana' aus. Die Badoglio-Regierung erklärte darauf am 13. 10. 1943 dem Deutschen Reich den Krieg. Zu diesem Zeitpunkt war Sardinien bereits von alliierten Truppen besetzt, die Front verlief nördlich von Neapel quer durch Italien. Zur Lenkung des Eisenbahnbetriebs in Norditalien richteten die deutschen Truppen eine Wehrmachtsverkehrsdirektion in Verona mit einer Außenstelle in Florenz ein. Vom Februar 1944 an rollten dort erhebliche Mengen Mietlokomotiven, ausschließlich der DRB-Reihe 52.

Am 6. 6. 1944 begann die Befreiung Frankreichs mit der lange erwarteten Invasion der Alliierten in der Normandie, welcher am 15. 8. 1944 die Landung in der Provence folgte. Da die Deutschen schon früher zahlreiche französische Lokomotiven ins Reichsgebiet abgezogen hatten, reichten die verbliebenen für die erhöhten Transportaufgaben bei weitem nicht aus. Von August 1944 an halfen DRB-Mietlokomotiven hinter den deutschen Linien aus, vor allem die preußischen Baureihen 55.25, 56.2 und 57.10, sowie (in Belgien) Kondens-52er. Diesen kam indessen kaum Bedeutung zu, weil schon im Oktober 1944 praktisch ganz Frankreich in alliierter Hand war. Ähnliches gilt für Belgien. In den Niederlanden dagegen konnte der Vormarsch der Alliierten etwa an der belgisch-niederländischen Grenze zum Stehen gebracht werden. Als die Eisenbahner der Niederlande daraufhin einem Streikaufruf der Exilregierung in London folgten, mußte auch hier die Reichsbahn den Betrieb in eigene Hände nehmen. Es wurde die neue Dienststelle des Bahnbevollmächtigten in Utrecht (Bbv Utrecht) geschaffen; Reichsbahnlokomotiven und -personal sprangen ein.

Damit ist der Wirkungsbereich deutscher Eisenbahner während des Zweiten Weltkriegs umrissen. Die folgende Übersicht zeigt, welche Lokomotivreihen für die einzelnen Verkehrsbereiche herangezogen worden sind.

Oktober 1938:
Kurzfristige Verlegung von Güterzugs- und Rangierlokomotiven (55.25, 57.10, 91.3, 93.0, 93.5) in die Bw der Direktionsbezirke Köln, Mainz und Saarbrücken (namentlich Ehrang, Gerolstein, Mayen, Jünkerath, Saarbrücken, Simmern und St. Wendel) für den Westwallbau und den zweigleisigen Ausbau einiger nach Westen führender Strecken.

Von Oktober/November 1938 an:
Verlegung von Reichsbahnlokomotiven (vornehmlich 38.2, 55.16, 57.10, 94.20) in die durch die Tschechen beim Abzug von Lokomotiven entblößten Sudeten-Bw.

Herbst 1938:
Erste Lokomotivverlegungen (Reihe 57.10) in die 'Ostmark'.

Von Juli 1939 an:
Lokomotivverlegungen in die grenznahen Bw der Direktionen Breslau, Königsberg, Oppeln und Stettin zur Vorbereitung des Polenfeldzugs.

Von Sommer 1940 an:
Reichsbahn-Mietlokomotiven in Norwegen, dort bei Kriegsende verblieben.

Mai bis August 1940:
Stationierung von Reichsbahn-Lokomotiven in grenznahen, später in belgischen und französischen Betriebswerken für den Westfeldzug; nach dessen Abschluß abgezogen.

Von Sommer 1940 an:
Vermietung von Reichsbahnlokomotiven zunächst an Rumänien; Baureihen 55.25 und 57.10, ab 1941 Reihe 50, ab 1943 Reihe 52.

September 1940 bis Februar 1945:
Reichsbahn-Mietlokomotiven in Dänemark, Baureihen 38.10, 56.2, 57.10 und 89.70.

9. 10. 1940:
Anordnung des RVM, wonach Frankreich und Belgien zunächst je 1000 Lokomotiven und 20.000 bzw. 15.000 Güterwagen sowie 'später' weitere 1000 französische Mietlokomotiven und 65.000 französische Güterwagen der Reichsbahn überlassen mußten; dieser Mietfahrzeugstand wies zeitweise über 5000 Lokomotiven auf.

Von November 1940 an:
Reichsbahn-Mietlokomotiven der Reihen 56.31, 56.34, 57.2–4, 92.22, ab 1944 auch 57.10, in Ungarn; dort auch FS-Mietlokomotiven.

Von Mai 1941 an:
Reichsbahn-Mietlokomotiven der Reihe 58.10, ab 1943 auch 57.10, ab 1944 auch 52, in Bulgarien; 1943 kauften die BDŽ 30 Lokomotiven der Baureihe 50.

Von Juni 1941 an:
Reichsbahnlokomotiven, hauptsächlich 38.10, 55.0, 55.16, 55.25, 56.2, 56.20, 57.10, 91.3, 93.0 und 93.5, nach Rußland; zeitweise über 7000 Lokomotiven gleichzeitig; die vorerst auch verwendeten Reihen 44, 58.10 und 58.23 wurden als zu schwer und/oder zu aufwendig zurückgezogen.

31. 3. 1942:
Der Bestand fremder Lokomotiven bei der DRB umfaßte:
3584 aus Belgien und Frankreich
1068 aus Elsaß-Lothringen und Luxemburg
119 aus Italien
25 aus der Schweiz
15 aus den Niederlanden
174 aus Jugoslawien (Südsteiermark)

Sommer 1942:
Beginn der Lokomotivvermietungen an Balkanstaaten, und zwar an die Wehrmachtstransportleitung Südosten (ab 1943 General des Transportwesens für den Südosten) bzw. die Staatsbahnen Griechenlands, Serbiens und Kroatiens; zunächst 56.31 und 57.10, dann 58.10, 91.3 und von 1944 an 52er.

Februar 1944:
Italien (Wehrmachtsverkehrsdirektion) erhält Reichsbahn-Mietlokomotiven (Baureihe 52).

Juni 1944:
Für Belange der Wehrmacht werden Reichsbahnlokomotiven, unter ihnen Kondens-52er, an die WVD Brüssel überstellt.

Von August 1944 an:
Die WVD Paris erhält Reichsbahn-Mietlokomotiven.

Von September 1944 an:
Reichsbahnlokomotiven auch in den Niederlanden (Bbv Utrecht).

Vor dreißig Jahren, im Frühjahr 1945, ging der Zweite Weltkrieg, der verlustreichste Krieg der Menschheitsgeschichte, zu Ende. Jene, die diese Zeit miterlebt haben, werden die Bilder dieses Buches an all die Schrecken dieser Zeit erinnern, und jene Generation, die erst nach Kriegsende herangewachsen ist, wird es zu schätzen wissen, daß sie – zumindest in Europa – dreißig Jahre Aufbauarbeit erleben durfte. So eindrucksvoll der Streifzug, den die Bildfolge vermittelt, auch sein mag, so betrüblich stimmt die Tatsache, daß damals die Kampfhandlungen und die Bombenangriffe das Eisenbahnnetz Europas in einem Ausmaß wie nie zuvor lahmgelegt und hundert Jahre der Aufbauarbeit zunichte gemacht haben. Welche Lebenskraft dem Schienenverkehr innewohnt, zeigte sich jedoch bei dem erstaunlich raschen Wiederaufbau der Eisenbahnen. Sie selber waren auch beim Neubau des zerstörten Europa das wichtigste Verkehrsmittel.

Zu vielen Bildern aus dem Bundesarchiv und auch aus privaten Sammlungen ist der Ort und der Zeitpunkt der Aufnahme nicht bekannt. Daher sind Leser, die zu einzelnen Bildern nähere Angaben machen können, eingeladen, diese dem Verlag mitzuteilen. Ebenso sind einschlägige Fotos für eine erweiterte zweite Auflage willkommen; Veröffentlichung wird honoriert, die Bilder werden auf Wunsch zurückgestellt. Sendungen bitte, eingeschrieben an den Verlag Slezak, Rienösslgasse 9, A-1040 Wien, richten.

Koblenz, im Frühjahr 1975

Hansjürgen Wenzel

Gepanzerte MÁV-Tenderlokomotive Reihe 376 = ČSD 320.2 mit Zusatztender, abgestellt auf dem Schleppgleis der Flugmotorenwerke in Guntramsdorf (Niederösterreich). *Foto F. Kraus (1946)*

Verkehrspolitische Betrachtungen

Der Eisenbahnhistoriker konstatiert eine erschreckende Parallele zwischen der Einschätzung der Deutschen Reichsbahn durch die Reichsregierung der späten dreißiger Jahre und der Deutschen Bundesbahn durch die Bundesregierung unter Helmut Schmidt heute. Die nationalsozialistischen Politiker unterschätzten – entgegen aller geschichtlichen Erfahrung – die Eisenbahn und setzten alle Hoffnung in den Straßentransport; die gleiche Einstellung finden wir in der heutigen BRD-Regierung, unter der die Vernachlässigung der Eisenbahn in eine Verunglimpfung und Demontage ausartet, wobei es belanglos ist, daß damals kriegerische Ziele bestimmend waren, heute aber wirtschaftliche Aspekte ausschlaggebend sind. Während aber unter den Nationalsozialisten das Personal entrechtet und gegen die Vernachlässigung seiner Bahn machtlos war, ist es heute in einer mächtigen Gewerkschaft zusammengeschlossen, die sich jetzt – spät, aber doch – in ihrer Aktion *Rettet die Bahn* zur Durchsetzung wirtschafts- und verkehrspolitischer Ziele aufgerafft hat. Da sich Österreich verkehrspolitisch gern am deutschen Beispiel ausrichtet, wäre ein Erfolg der Gewerkschaft der Eisenbahner der BRD auch für Österreichs Bahnen wünschenswert.

Diese Problematik habe ich bereits vor 15 Jahren in einer Besprechung der 1. Auflage des Pottgießer-Buchs *Die Reichsbahn im Ostfeldzug* für die österreichische Gewerkschaftszeitung *Der Eisenbahner* (29. 9. 1961) unter der Überschrift *Reichsbahn, Krieg und Politik* dargelegt. Sie ist heute noch immer aktuell und daher sei diese Rezension hier wiedergegeben:

Die gegenwärtige Vernachlässigung der Eisenbahn trotz ihrer unbestrittenen Leistungen erinnert an eine ähnliche Eisenbahnpolitik am Beginn der Hitler-Ära, als 'die innere Güte des Apparats der deutschen Bahnen bewußt vernachlässigt wurde', wie DB-Präsident Dr. Oeftering einmal gesagt hat. Hitler und seine Generäle glaubten auch, alles besser zu wissen als Fachleute und Wissenschaftler; sie vernachlässigten die Eisenbahnen und schwärmten für die sündteuren, 'strategischen' Autobahnen, die 'Straßen des Führers'.

Erst die Realität des Krieges, der sich ganz anders als erwartet entwickelt hatte, verhalf der Eisenbahn wieder zu ihrer dominierenden Stellung. Dann zeigte sich auch, welch ungeheure Leistung die Schiene vollbringen kann. Ohne zu übersehen, daß hier die Eisenbahn einem verabscheuungswürdigen Aggressionskrieg dienen mußte, sind ihre Verkehrsleistungen in Hitlers Feldzug gegen die Sowjetunion tatsächlich gigantisch gewesen. Darüber wurden selbstverständlich seinerzeit keine Detailangaben publiziert und auch in den Nachkriegsjahren hatte man andere Sorgen. Nun, da die Beschäftigung mit unserer jüngsten Vergangenheit an Boden gewinnt, ist die Auswertung des Aktenmaterials aus jener Zeit überaus lehrreich. Bundesbahnoberrat Hans Pottgießer hat sich der Mühe unterzogen und in einem Buch die Ergebnisse umfangreicher Forschung in Reichsbahnarchiven der Öffentlichkeit vorgelegt. Er berichtet sachlich über die Organisation, den Einsatz und die Schwierigkeiten – wie 'General Winter', Umspurung, Partisanen – der Deutschen Reichsbahn im Rußlandkrieg. Da damals die Deutsche Reichsbahn besonders gern österreichische Eisenbahner nach Rußland geschickt und deren Dienstposten in der 'Ostmark' durch 'unabkömmliche' Parteigenossen besetzt hat, verbinden viele unserer Kollegen persönliche Erinnerungen mit den geschilderten Ereignissen und werden nach Lektüre dieses Buches deren Stellung im gesamten Geschehen besser verstehen.

Die Geschichte soll unsere Lehrmeisterin sein, und so müssen wir uns fragen, was uns dieses Buch lehrt. Erstens zeigt es uns, daß nur die Eisenbahn – natürlich auch im Frieden – große Verkehrsaufgaben lösen kann und daß sich ihre Vernachlässigung rächt. Zweitens zeigt es, worauf auch der Verfasser einleitend hinweist, daß auf beiden Seiten der Front 'beamtetes' Eisenbahnpersonal wirklich gigantische Leistungen vollbracht hat und widerlegt die gängige Zwecklüge, daß nur die Aussicht auf Profit und höheren Lebensstandard den Menschen zu Höchstleistungen anspornt.

Diese im ersten Absatz angedeutete Parallele[1] beleuchtete am 18. Dezember 1974 auch Dr. Peter Kreisky, der Sohn des österreichischen Bundeskanzlers Dr. Bruno Kreisky, indem er erklärte: *Die Gewissenlosigkeit der Autolobby ist mit Hitlers Vernichtungslagern vergleichbar!* Der Kalender 1977 der *Freunde der Eisenbahn*, Hamburg, schreibt zur gegenwärtigen Verkehrspolitik der BRD sehr treffend: *Im Gegensatz zu einer einflußreichen Lobby, Ministern und selbst manchen Bahnverwaltungen lassen sich die Eisenbahnfreunde von ihrer Meinung, die Eisenbahn für unentbehrlich zu halten, nicht abbringen.* Hubert Weinzierl, Diplom-Forstwirt und Vorsitzender des Bundes Naturschutz in Bayern, hat im Heft 9/1976 des *Kosmos* (Seite 260/61) in einem Beitrag *Verkehrspolitik am Scheideweg* dieselben Gedanken ausgesprochen und diese seien hier deswegen wiedergegeben, weil sie nicht von einem Eisenbahnfreund, dem man gern Sinn für die Verkehrs-Realität abspricht, stammen. Er schreibt: *Rettet heute die Deutsche Bundesbahn, denn morgen ist es zu spät; rettet die deutsche Landschaft durch die Bewahrung der Schienenwege vor weiterer Erschließung mit Autobahnen! . . . Es ist ein Fehler, die bestehende Infrastruktur der Schiene abzubauen. Unverantwortlich aber ist es, allein den Straßenbau maßlos zu fördern und unter Verschwendung von Energie und Naturgütern auf Kosten anderer Verkehrsträger auszubauen, und das auf Kosten eines enormen Landverbrauchs, unter Energieverschwendung, Umweltbelastung durch Streß und erhöhte Unfallgefahr. Es widerspricht also jeder maßgerechten Mobilität und jeder auf Sicherheit angelegten, funktionsfähigen Transport-Infrastruktur ebenso wie einer lebensgerechten Umwelt, wenn man heute, nachdem das Konzept der autogerechten Stadt endgültig als gescheitert erkannt wird, das selbstzerstörende Programm der autogerechten Landschaft in unserem dicht besiedelten Lebensraum anstrebt.*

Fünfzig Jahre lang mahnten Einsichtsvolle vergeblich, eine auf jeden Bilanzschwindel verzichtende Verkehrspolitik zu betreiben und in erster Linie das Wohl des Menschen und nicht den Profit der Auto- und Erdölwirtschaft im Auge zu haben. Erst jetzt, da dem Staat an allen Ecken und Enden das Geld ausgeht, und er sich den Luxus eines irrsinnig aufgeblähten Straßenverkehrs einfach nicht mehr leisten kann, kommen auch Politiker langsam zu einer besseren Einsicht. Hoffentlich ist es nicht schon zu spät, wenn sie diese endlich in konkrete Maßnahmen umsetzen werden!

Kurz nachdem ich den vorhergehenden Absatz geschrieben hatte, brachte der *Kurier*, Wien, am 20. 9. 1977 ein Zitat eines österreichischen Wirtschaftsfachmanns, der über jeden Verdacht, Eisenbahnfreund oder 'Umwelthysteriker' zu sein, erhaben ist, nämlich des Generaldirektors der Österreichischen Nationalbank Heinz Kienzl: *Es ist ökonomischer Unsinn, was wir in die Autobahnen investieren.*

Josef Otto Slezak

---

1 Bezeichnend ist ja auch, daß die Nationalsozialisten wohl zivile Organisationen für das Fliegen (NSFK = Nationalsozialistisches Fliegerkorps), das Autofahren (NSKK = Nationalsozialistisches Kraftfahrerkorps) und die Schiffahrt (Marine-HJ = Hitler-Jugend) aufgezogen und sehr gefördert haben, nicht aber eine für den Schienenverkehr. Erstens haben sie dessen Bedeutung nicht erkannt und zweitens sind die Eisenbahner seit jeher kosmopolitisch (durch den engen Kontakt an Staatsgrenzen) und fortschrittlich eingestellt gewesen und gehörten vielenorts zu den Vorkämpfern für Demokratie und Menschenrechte.

Schriftenreihe *Internationales Archiv für Lokomotivgeschichte (IAL)*

Die angegebenen Preise beziehen sich auf das Jahr 1977; Preisänderungen vorbehalten.

IAL 1 **Die Lokomotivfabriken Europas;** *vergriffen*

IAL 2 **Verzeichnis der deutschen Lokomotiven 1923–1965;** mit einer Übersicht der Lokomotivbezeichnungssysteme Europas; 160 Seiten, 2., erweiterte Auflage öS 70.–

IAL 3 **Schmalspurig durch Österreich;** 2., erweiterte Auflage, 352 Seiten, 327 Fotos, 1063 Fahrzeugskizzen 1:200, 23 Streckenpläne, 36 Bahnhofspläne, 11 Typenzeichnungen 1:100 oder 1:50 öS 360.–

IAL 4 **Geschichte der deutschen Kriegslokomotiven – Reihe 52 und 42;** 352 Seiten, 90 Fotos, 22 Skizzen, Einzelnummern mit Baudaten und Umnumerierungen nach 1945, öS 270.–

IAL 5 **Österreichs Zahnradbahnen;** in *Vorbereitung*

IAL 6 **Die GySEV;** *vergriffen*

IAL 7 **Der Giesl-Ejektor – Verjüngungskur für Dampflokomotiven;** 64 Seiten, 70 Fotos, 5 Skizzen öS 42.–

IAL 8 **Lokomotiv-Athleten – Geschichte, Leistung und Kurvenlauf der Sechs- und Siebenkuppler;** 264 Seiten, 98 Fotos öS 290.–

IAL 10 **Lokomotiven ziehen in den Krieg (1939–1945);** Bildband mit kurzem Text; öS 290.–

IAL 11 **ČSD-Dampflokomotiven** – Die Geschichte der tschechoslowakischen Dampflokomotiven 1918–1968; 2 Teile (auch einzeln lieferbar) je öS 160.–
Teil 1: Text, 111 Fotos (Kunstdruck), 60 Typenskizzen, 160 Seiten
Teil 2: Einzelangaben mit Baudaten sowie früheren und späteren Nummern, 176 Seiten

IAL 12 **Die Lokomotiven der Republik Österreich – Dampf/Elektro/Diesel 1918–1973;** 2. Auflage, 288 Seiten, 240 Fotos, 128 Typenzeichnungen, 10 Tabellen (BBÖ- und ÖBB-Reihen, Abmessungen) öS 270.–

IAL 12a **Ergänzungsteil** zur 1. Auflage 'Lokomotiven der Republik Österreich'; 80 Seiten, 88 Fotos, 8 Typenzeichnungen, Summary in English öS 90.–
Mit diesem Ergänzungsteil (Seiten 209 bis 288 der zweiten Auflage), können die Besitzer der ersten Auflage ihr Buch auf den Stand von 1973 erweitern.

IAL 13 **Lokomotivverzeichnis der Republik Österreich (BBÖ, ÖStB, ÖBB, Privatbahnen);** Einzelnummern; *in Vorbereitung*

IAL 16 **Krauss-Lokomotiven;** Liste aller in den Werken München und Linz gebauten Lokomotiven, viele Fotos öS 240.–

IAL 17 **Die Dampflokomotiven Jugoslawiens;** 196 Seiten, 263 Fotos (davon 5 färbig), viele Tabellen (Abmessungen, komplette Reihenübersichten SŽD, SHS, JDŽ/JŽ und verstaatlichte Privatbahnen, Normal- und Schmalspur) öS 270.–

IAL 18 **Salzburger Lokalbahnen;** *in Vorbereitung*

IAL 19 **k.k. Staatsbahnlokomotiven 1914;** Stationierung für jede einzelne Lokomotive, viele Fotos; *in Vorbereitung* ca. öS 240.–

IAL 20 **Dampftramway Krauss & Comp. in Wien;** 224 Seiten, 180 Zeichnungen (Strecken- und Gleispläne, Profile, Bauten), 97 Fotos, Fahrparklisten, Statistik öS 240.–

IAL 21 **Hundert Jahre Badner Bahn;** 192 Seiten, 2 Farbbilder, 200 Schwarz-Weiß-Fotos (auf Kunstdruckpapier), 81 Typenzeichnungen (1:100), 32 Pläne und Zeichnungen, Fahrparklisten, Statistik öS 240.–

IAL 22 **Eisenbahn in Finnland;** *in Vorbereitung* ca. öS 290.–

IAL 23 **Dampfparadies auf 60-cm-Spur – Industriebahn Mladějov–Hřebeč;** 24 Seiten, 31 Fotos, 5 Typenzeichnungen, 2 Pläne öS 60.–

IAL 24 **Der Hofsalonwagen der Badner Bahn;** 16 Seiten, 14 Fotos, 1 Typenskizze öS 40.–

IAL 25 **Niederösterreichische Südwestbahnen** (Leobersdorf–Hainfeld–Traisen–St. Pölten, Traisen–Kernhof/Türnitz, Wittmannsdorf–Gutenstein, Pöchlarn–Kienberg-Gaming); 144 Seiten, 152 Fotos, 22 Typenzeichnungen, 2 Pläne öS 240.–

Die Generalprobe für den Zweiten Weltkrieg fand in Spanien statt, als deutsche und italienische Truppen in die von General Franco angezettelte Militärrevolte gegen die republikanische Regierung eingriffen und damit den Ausgang des Bürgerkriegs (1936–1939) entschieden.

Rechts: Die Lokomotive 4036 der spanischen Nordbahn (NORTE) vor einem Truppentransport mit einem Gruß an Franco und einem Vivat auf Portugal, Deutschland, Italien und Spanisch Marokko (wo Francos Putsch seinen Ausgang nahm). *Foto G. Sandri*

Unten: Die (1D1)(1D1)-Garratt-Lokomotive 308 der FCCA (= Ferrocarril Central de Aragon), gebaut von Babcock & Wilcox in Bilbao, in Caminreal südlich von Calatayud mit einem Transport von Soldaten der italienischen Division Littorio (Heer) an die Front bei Teruel. *Foto G. Sandri (1938)*

Links: 2D1-Lokomotive 1703 der MZA (Madrid – Zaragoza – Alicante-Bahn) mit Offizieren der Division Littorio vor der Station Calatayud. *Foto G. Sanări (1937)*

Unten: Zwei 1D-Lokomotiven der NORTE bei Calamocha südlich von Calatayud mit einem Transport spanischer Soldaten zur Ostfront bei Teruel. *Foto G. Sanări (1938)*

2C-Lokomotive der NORTE in Fuen Mayor südlich von Vitoria mit einer Tender-Aufschrift zu Ehren von General Mola, der im Bürgerkrieg Kommandant der Nordfront (Santander, Bilbao) war.
Foto G. Sandri (1937)

Der alte NORTE-Vierkuppler 2505 (gebaut von Schneider, Le Creusot) in Fuen Mayor mit italienischen Soldaten beim Rücktransport von der 1. Ebro-Schlacht (Tortosa). *Foto G. Sandri (1937)*

Die 2C-Lokomotive 1915 der NORTE (gebaut von Hanomag, Hannover) im Bahnhof Miranda de Ebro beim Rücktransport der italienischen Soldaten von der Santander-Front. *Foto G. Sandri (1937)*

2C1-Lokomotive der NORTE mit einer 2C-Vorspann-Lokomotive, deren Tender mit einem Gruß an Franco und – zwischen den typischen spanischen Rufzeichen – dem Slogan ¡¡¡ARRIBA ESPAÑA!!! (Hoch Spanien!) bemalt ist,in Fuen Mayor. *Foto G. Sandri (1937)*

Transport von Jerez de la Frontera zur Front von Madrid.
Foto G. Sandri (1937)

Station di Matillas (Front von Madrid).
Foto G. Sandri (1937)

Caminreal (Ostfront), Fahrt nach Teruel.
Foto G. Sandri (1938)

Es herrschte bereits Krieg, als dieses Bild vom Hamburger Hauptbahnhof auf der Titelseite der Zeitschrift *Die Lokomotive* vom März 1940 erschien. Die 05er legte die 287 km bis Berlin in knapp drei Stunden zurück und erreichte eine Reisegeschwindigkeit von 117,2 km.

Obwohl ausgesprochen eine Schnellzugstype, hat auch die Baureihe 05 ein kriegerisches Image – wie man heute sagen würde – bekommen, als die 05 003 im Februar 1945 (nach Umbau in herkömmliche Form) im Betriebswerk Altona (Hamburg) Tarnanstrich und Schutzbleche erhielt. In dieser Form erschien sie übrigens Mitte 1977 als Liliput-HO-Modell. *Foto H.P. Roberts (bei Neumünster, 1945) / Sammlung Schneeberger*

In jeder Art von Waggon brachte die Bahn Soldaten an die Fronten. *Sammlung Bundesarchiv*

DRB 58 2077 (RBD München) im Raum des Betriebswerks Treuchtlingen. *Sammlung Bundesarchiv*

Die 2C-Schnellzuglokomotive 17 1105 (Heimat-Betriebswerk Frankfurt/Oder) auf einem Berliner Stadtbahnhof (um 1940). *Sammlung Bundesarchiv*

Einheits-Schnellzuglokomotive 01 021 verläßt den Anhalter Bahnhof in Berlin. *Sammlung Bundesarchiv*

DRB 17 1056 in einem Berliner Betriebswerk.
Sammlung Bundesarchiv

Die leichte Vermessungs- und Kartenabteilung (mot) 573 wird am 21. September 1942 in Forst Zinna bei Jüterbog Richtung Süden verladen. Der Zug mit 38 Waggons fuhr am folgenden Tag um 8.30 Uhr ab und erreichte über München—Brenner am 25. September um 12.30 Uhr den Entladebahnhof Campi Flegrei bei Neapel. Hier war für die meisten trotz Tropenuniform das Ende der Reise. Die Überlebenden von den wenigen, welche nach Tunis kamen, landeten schließlich als Kriegsgefangene in den USA.

Sammlung Dr. F. Slezak

Die 38 2640 vom Betriebswerk Euskirchen brachte zum Marsch an die Westfront Truppen in die Eifel.

Sammlung Bundesarchiv

Zugaufnahmen auf Postkarten mit der Urlaubsnachricht waren sehr beliebt. Heute sind sie Dokumente aus dem damaligen Bahnbetrieb. Auch das 'Ich komme auf Urlaub' in deutscher Kurrentschrift weist diese Karte als ein kulturgeschichtliches Dokument aus. Jahrzehntelang galt – vor allem bei den weitgehend deutschnationalen Lehrern in Deutschland und Österreich – die deutsche Kurrentschrift als Symbol für treu-deutsche Gesinnung. Und ausgerechnet Adolf Hitler, der sich als 150prozentiger Deutscher fühlte, hat sie mit Führererlaß vom 1. 9. 1941 so erfolgreich abgeschafft, daß viele Deutsche und Österreicher sie heute nicht einmal mehr lesen können. *Foto Kühlewindt (um 1940) / Sammlung Verlag Slezak*

DRB 03 029 in einem Berliner Betriebswerk. *Sammlung Bundesarchiv*

Als sich Hitler, richtig photogen, noch am Fenster seines Salonwagens präsentierte (*Foto unten, Neue Illustrierte Zeitung,* 28. 11. 1939) und als die 38 2585, wohl schon mit Verdunklungsbemalung, 1941 aus dem Berliner Anhalter Bahnhof dampfte (*Foto links, Sammlung Bundesarchiv*), war die deutsche Eisenbahnwelt noch in Ordnung. Als aber die Deutsche Reichsbahn den Speisewagenbetrieb einstellte (am 1. Juni 1942) und DRB-Inserate in Tageszeitungen die Bevölkerung aufriefen, die Transportkapazität der Bahn kriegswichtigen Gütern vorzubehalten, bekam allmählich auch das deutsche Hinterland zu spüren, daß *dieser Krieg nicht nur ein Krieg der Waffen ist, sondern ein Krieg der Eisenbahnen und Verkehrswege überhaupt,* wie es der Staatssekretär im Reichsverkehrsministerium Dr. Ganzenmüller formulierte (*Völkischer Beobachter,* 16. 12. 1943, Seite 6). Nach den schweren alliierten Luftangriffen auf deutsche Städte, die in erster Linie den Bahnanlagen galten, zeigte sich Hitler kaum noch seinen Volksgenossen und überließ es seinem Propagandaminister Dr. Joseph Goebbels, das Volk zum *totalen Krieg* aufzurufen. In dessen Appell vom 24. August 1944 hieß es unter anderem: *Es muß unsere Ehre sein, nunmehr im gesamten öffentlichen Leben einen Kriegsstil zu pflegen, der nicht nur vor dem eigenen Volke, sondern auch vor dem Ausland eindeutig dokumentiert, daß wir um unser Leben kämpfen und fest entschlossen sind, diesen Kampf, koste es was es wolle, bis zum siegreichen Ende durchzustehen. Der Feind soll erkennen, daß er bei uns keinerlei Kompromißbereitschaft findet, sondern daß wir gewillt sind, auch persönlich jedes Opfer für den Sieg zu bringen.* Übrigens: Hitler und Goebbels endeten nicht im Kampf gegen den Feind, sondern durch Selbstmord. In den 'ehrenvollen' Tod auf dem Schlachtfeld – der im Zweiten Weltkrieg meist ein richtiggehendes Abschlachten war – hatten sie die anderen getrieben.

Am Vormittag des 21. 11. 1944 verursachte ein Fliegerangriff auf den Bahnhof Hünfeld der Strecke Fulda–Bebra sehr schwere Schäden. Die südwestliche Hälfte des Bahnhofs wurde mit einem Bombenteppich belegt und alle neun Gleise des Bahnhofs auf dieser relativ sehr kleinen Fläche wurden durch 28 größte Bombentrichter unterbrochen. Ein gerade von Fulda kommender Güterzug fuhr bei der südwestlichen Einfahrweiche in einen Bombentrichter und bildete hier, ausgerechnet unter einer Straßenüberführung, einen wüsten Trümmerhaufen, der sämtliche Ein- und Ausfahrten in Richtung Fulda sperrte. Die letzte, östlichste Bombe des Teppichs durchschlug die Decke des Personentunnels, der als Splitterdeckung diente, und explodierte. Hier waren ungefähr 50 fürchterlich zugerichtete Todesopfer zu beklagen, darunter auch die Aufsichtsbeamtin, von der man nur noch die rote Mütze fand

Rechts: Blick von der Straßenüberführung auf den großen Trümmerhaufen, der durch einen Güterzug entstand, der gerade in Einfahrt begriffen war und in den Bombentrichter im Vordergrund hineinfuhr.

Foto Wenzelburger (23. 11. 1944)

Unten: Die schweren Schäden im Südwestteil des Bahnhofs Hünfeld. Blick nach Südwesten gegen Fulda. Im Hintergrund die Straßenüberfahrtsbrücke, unter welcher der Güterzug bei der Einfahrt in den großen Bombentrichter hineinfuhr.

Foto Wenzelburger (22. 11. 1944)

Schwerer Fliegerangriff auf Mannheim am Mittag des 1. März 1945

Nach Aussage der Mannheimer war dies der schwerste Angriff, den Mannheim – das zu den am meisten angegriffenen deutschen Städten zählte – im Zweiten Weltkrieg erlebte. Damals fielen nach amtlicher Schätzung 30.000 Spreng- und 300.000 Brandbomben. Im Gleisbereich des Hauptbahnhofs Mannheim richteten 23 zum Teil größte Bombentrichter und schätzungsweise 30.000 Brandbomben schwerste Verwüstungen an. Sämtliche im Bahnhof stehenden Wagengarnituren brannten vollkommen aus und sperrten auch alle Abstellgruppen bis auf das letzte Gleis. Sämtliche Ein- und Ausfahrten waren gesperrt. Die Bahnsteighalle wurde neuerlich schwer beschädigt und mußte zum Teil abgetragen werden. Behelfsmäßige Einbauten im Bahnhofsgebäude, das schon im Herbst 1943 ausbrannte, wurden ebenso zerstört. Die Rotkreuzbaracke am Bahnhofvorplatz, die Elektrowerkstatt, die Expreßguthalle, das Übernachtungsgebäude für Zugbegleiter, Bürogebäude (Bahnmeisterei 1, Hochbaubahnmeisterei 1 und 2, Stellwerksbahnmeisterei 1) und mehrere Wohngebäude der Reichsbahn brannten vollständig nieder. Im Fernheizwerk sowie im Ämtergebäude der Reichsbahn konnten mehrere Brandbomben, die bereits gezündet hatten, noch rechtzeitig gelöscht werden; beide Gebäude erlitten aber auch schwere Luftdruckschäden. Im Betriebswerk wurden das Maschinenhaus 1 völlig zerstört, die Maschinenhäuser 2 und 3 schwer beschädigt; das Verwaltungsgebäude, das Übernachtungsgebäude und mehrere Werkstätten und Baracken brannten nieder; die Bekohlungsanlage wurde zerstört. Sämtliche Stellwerke im Hauptbahnhof mit Ausnahme des Stellwerks 2 brachen zusammen. Das einstürzende Stellwerk 4 begrub den Wärter, der nur mehr tot geborgen werden konnte. Von den Folgen dieses schweren Angriffs hat sich der Hauptbahnhof Mannheim bis zum Einzug der Amerikaner nicht mehr erholt. Die Ein- und Ausfahrten wurden zwar alle wieder hergestellt, aber das Fehlen aller Abstellgleise und der Ausfall sämtlicher Stellwerke, ausgenommen Stellwerk 2, machten eine ordnungsgemäße Betriebsführung unmöglich. Um die unendlichen Mengen von ausgebrannten und zertrümmerten Wagen in den Abstellgleisen zu beseitigen und die komplizierten Stellwerksanlagen zu erneuern, fehlten Zeit und Mittel.

Der von den Folgen der Fliegerangriffe schwer gezeichnete Hauptbahnhof Mannheim von Nordwesten. In Blickrichtung führen die Strecken nach Biblis – Frankfurt/M., Heidelberg, Schwetzingen und die Gleise zum Rangierbahnhof. Im Rücken geht es über die Rheinbrücke nach Ludwigshafen. Unter einem Vorbauwerk der Rheinbrücke durch führen die Gleise zum Hauptgüterbahnhof. Vor der zerstörten Bahnhofshalle rechts Stellwerk 2, das einzige Stellwerk des Bahnhofs, das den schweren Fliegerangriff vom 1. 3. 1945 überdauerte.
Foto Wenzelburger (2. 3. 1945)

Fliegerangriff vom 11. 12. 1944 auf den Hauptbahnhof Mannheim. Es gab vier große Bombentrichter im Bereich des Stellwerks 7 (Kleinfeld) und der Haltestelle Fabrikstation, die aber sämtliche 8 Ein- und Ausfahrgleise nach Biblis, Heidelberg, Schwetzingen und zum Rangierbahnhof sperrten. Einer der Bombentrichter bei Kleinfeld, in den Gleisen nach Heidelberg und zum Rangierbahnhof. Blick nach Westen in Richtung Mannheim Hauptbahnhof.
Foto Wenzelburger (11. 12. 1944)

Mannheim Hauptbahnhof nach dem schweren Fliegerangriff vom 1. März 1945. Eine Lokomotive, die einen Volltreffer bekam. Blick nach Süden auf die Trümmer des Maschinenhauses 1. *Foto Wenzelburger (3. 3. 1945)*

Mannheim Hauptbahnhof, beim Südostende der Bahnsteige. Blick auf die Ruine des Bahnhofsgebäudes (rechts) und auf die Trümmer des Bahnhofvorplatzes. So hat es aber nicht nur in der Umgebung des Bahnhofs, sondern in ganz Mannheim einschließlich aller Vorstädte wenige Tage vor dem Einmarsch der Amerikaner ausgesehen.
Foto Wenzelburger (25. 3. 1945)

Fliegerangriff auf den Bahnhof Graben-Neudorf. Volltreffer auf einen Schnellzugswagen eines gerade nach Karlsruhe ausfahrenden Zuges (27 Tote!). Beide Gleise nach Karlsruhe und das Gleis über Eggenstein nach Karlsruhe waren gesperrt. Blick nach Nordwesten. Links geht es nach Karlsruhe und rechts durch den Bahnhof Graben-Neudorf nach Mannheim.
Foto Wenzelburger (22. 12. 1944)

Der Friede der Zwischenkriegszeit fand in Österreich de facto im Februar 1934 sein Ende, als der österreichische Faschismus (unter Bundeskanzler Engelbert Dollfuß) Arbeiterwohnbauten beschließen ließ und die im Jahr davor zerstörte demokratische Ordnung durch Diktatur und Militarismus ersetzte. Das obere Bild zeigt die Lokomotive 30.21 am 14. 2. 1934 im Bahnhof Wien-Floridsdorf (in der Bildmitte General der Infanterie Vaugoin, der damals Bundesbahn-Präsident war), das mittlere die gepanzerte 378.04 mit einem 'Eisenbahnerschutzkorps' im Wiener Ostbahnhof und das untere eine Bundesheereinheit im Bahnhof Heiligenstadt beim Beschießen des Karl-Marx-Hofs. *Verkehrswirtschaftl. Rundschau 4/1934* und *Bildarchiv der Öst. Nationalbibliothek*

Maschinenwechsel vor Hitlers Sonderzug in Bruck an der Mur: zwei 209er zogen von dort an die Wagenkolonne nach Graz und durchfuhren die Bahnhöfe *Pernegg, Mixnitz und Frohnleiten mit bloß 5 Stundenkilometer, um den Tausenden, die mitunter von den entferntesten Berghöfen gekommen waren, den Anblick des Führers, den uns Gott im Himmel sandte, zu ermöglichen.* In der großen Halle der Waggonfabrik sprach Hitler am 3. April 1938 vor 20.000 Grazern.

Hitlers Sonderzug im Bahnhof Linz am 7. April 1938, von Schutzpolizisten bewacht. Vom Bahnhof fuhr Hitler im offenen Mercedes zur ehemaligen Lokomotivfabrik Krauss, in deren Halle er zu 12.000 Arbeitern sprach.

Beide Fotos und die kursiven Textstellen aus der *Verkehrswirtschaftlichen Rundschau* vom Mai 1938.

Noch herrscht nach der Okkupation Österreichs (1938) Friede und noch tragen die beiden Lokomotiven im Wiener Südbahnhof österreichische Nummern; die 629.110 erhielt allerdings Hakenkreuze aufgemalt. Die Eisenbahner ahnten wohl nicht, daß sie und ihre Lokomotiven bald werden in den Krieg ziehen müssen.
Foto Ch. Lieben / Sammlung F. Kraus

Vor 1938 fuhren die Schnellzüge Berlin–Wien nicht die kürzeste Route, sondern machten einen Umweg über Bayern, um tschechoslowakischem Staatsgebiet auszuweichen. Erst nach dem deutschen Einmarsch in die Tschechoslowakei gab es Korridorzüge zwischen Berlin und Wien über tschechisches Gebiet. Das Foto zeigt den Schlafwagenzug von Berlin nach Wien Ost (über Frankfurt/Oder, Sagan, Breslau, Oppeln, Heydebreck (Oberschlesien), Oderberg, Prerau, Brünn und Lundenburg) am 9. November 1941 in Wien-Simmering mit der DRB-Lokomotive 03 075.
Foto F. Kraus

1939, im ersten Jahr ihres Laufes, fuhren die Korridorzüge zwischen Berlin und Wien noch mit der preußischen Schnellzugstype S10.1 (= DRB 17.10-12), erst von 1940 an fuhren Einheitslokomotiven Reihe 03. *Foto F. Kraus*

Die 33 110 (BBÖ 113.10) ist mit einem Westbahn-Schnellzug liegengeblieben. Der zum NS-Slogan *Räder müssen rollen für den Sieg* grimmig-satirisch gedichtete Reim *Achsenbruch verkürzt den Krieg* erscheint hier allerdings nicht realisiert, denn erstens war die *politische* Achse Berlin/Rom gemeint und zweitens war es kein Achs-, sondern ein Zylinderbruch. *Foto RBD Wien / Sammlung Österreichisches Eisenbahnmuseum*

Die auf Hochtouren laufende Kriegswirtschaft ließ die Reichsbahn auf alle erdenklichen Reserven zurückgreifen. Selbst älteste Lokomotiven, die die BBÖ bereits jahrelang hinterstellt hatten, nahm die Reichsbahndirektion Wien wieder in Betrieb und dennoch mußte sie vom befreundeten Italien Lokomotiven leihen. Es waren Maschinen der österreichischen Reihen 170 (FS 729) und 180 (FS 477), die sich durch den kürzeren Kamin von den BBÖ-Maschinen dieser Typen unterscheiden. Das Bild zeigt die FS 729.070 (ehemals Südbahn 170.3010) im Herbst 1941 in Wien-Simmering. *Sammlung Verlag Slezak*

Die Leihlokomotive FS 729.075 (ehemals Südbahn 170.3044), vom 17. April 1940 an bei der Reichsbahndirektion Wien im Bestand, im Bahnhof Pottenbrunn (bei St. Pölten) bei (unvollendet gebliebenen) Bauarbeiten zur Verlängerung der Bahnhofsgleise.
Foto RBD Wien / Sammlung Österreichisches Eisenbahnmuseum

Dieselbe Baustelle und dieselbe Lokomotive wie auf dem Bild von Seite 36 unten. Man erkennt, daß auf den Flachwagen Kriegsgefangene arbeiten. *Foto RBD Wien / Sammlung Österreichisches Eisenbahnmuseum*

Die PKP-Lokomotive Ti11-62 (ehemals kkStB 260.218, später DRB 54 164) im Ausbesserungswerk Wien-Floridsdorf. *Sammlung Verlag Slezak*

Zu diesen beiden Bildern schrieb die *Stuttgarter Illustrierte Zeitung* vom 30. April 1941: *Der Führerzug, in dem sich das Hauptquartier befindet, stand am Geburtstag des Führers Adolf Hitler fern der Heimat in Feindesland.* Wie aber der Vergleich mit dem Bild rechts zeigt, handelt es sich eindeutig um den Bahnhof Mönichkirchen (in Niederösterreich) an der Wechselbahn (Aspang – Friedberg).

Seite 39: Der Bahnhof Mönichkirchen. Im April 1941 stand hier, bzw. im anschließenden Tunnel, drei Wochen lang der 'Führerzug' und hier bereitete Hitler den Angriff auf Griechenland vor. Für den zivilen Verkehr war die Wechselbahn damals zwischen Aspang und Tauchen unterbrochen. *Foto J. Slezak (16. 9. 1970)*

Albert Speer, 1942 bis 1945 Reichsminister für Bewaffnung und Munition und im Nürnberger Kriegsverbrecherprozeß zu 20 Jahren Gefängnis verurteilt, schreibt in seinen Memoiren über Hitlers Sonderzug: *Aus Sicherheitsgründen wurde der Zug von zwei schweren Lokomotiven gezogen, ein gepanzerter Spezialwagen mit leichten Flakgeschützen folgte hinterdrein. Auf ihm standen vermummte Soldaten, während der ganzen Reise feuerbereit, dann kam Hitlers Wagen, dessen Mittelteil ein großer Salon bildete, die Wände waren in Rosenholz und Palisander furniert. Natürlich war eine Küche vorhanden, Abteile für Hitlers persönliche Bedürfnisse, ein Schlafraum, ein reich ausgestattetes Bad, Garderobe, Vorraum und Dienerzimmer. Unmittelbar an diesen Wagen schloß sich der 'Befehlswagen' an, über den nicht nur die vielfältigen Verbindungen zur Außenwelt liefen, der vielmehr auch einen militärischen Lageraum enthielt und gewissermaßen als 'fliegendes' Führerhauptquartier diente. Unmittelbar darauf folgte der Wagen mit dem ständigen Begleitkommando Hitlers, das aus mehr als zwanzig Mann bestand, dann kamen die Gästewagen, dann zwei Schlafwagen erster Klasse, ein Presse- und ein Gepäckwagen; ein zweiter Spezialwagen mit Flakgeschützen bildete den Schluß des Zuges.* Im Detail hatte der Zug folgende Gliederung (laut Speer April 1943):

Führerzug (2 Lokomotiven, 14 Waggons)

1 Erste Lokomotive
2 Zweite Lokomotive (aus Sicherheitsgründen)
3 Gepanzerter Spezialwagen (2 cm-Flakzug, 26 Mann Besatzung)
4 Gepäckwagen
5 Führerwagen mit großem Mittelsalon und Nebenräumen für einen Oberstleutnant, einen Obergruppenführer und einen Diener
6 Befehlswagen (ein Heeresnachrichtenoffizier, zwei Schreiber)
7 Begleitkommandowagen (11 Abteile für 22 Mann Begleitkommando und Kriminalpolizei)
8 Erster Speisewagen
9 Erster Gästewagen (10 Abteile: Hauptmann von Below, Sturmbannführer Dr. Brandt, Hauptmann Engel, Korvettenkapitän Albrecht, Generaloberst Keitel, Adjutant Chef OKW, Generalstabsoffiziere OKW, Heer und Luft, Luftwaffenverbindungsoffizier)
10 Zweiter Gästewagen (10 Abteile: Reichsminister des Auswärtigen, Reichsleiter Bormann, Reichsführer SS Himmler, Gruppenführer Wolff, Prof. Hoffmann, Führer des Flakzugs u.a.)
11 Zweiter Speisewagen
12 Erster Schlafwagen (11 Abteile: zwei Untersturmführer, zwei Sekretärinnen des Führers, 14 Mann des Unterstabs und der Nachrichtenstaffel)
13 Zweiter Schlafwagen (11 Abteile: vier Mann der Nachrichtenstaffel, 14 Mann von der Mitropa)
14 Pressewagen (Reichspressechef Dr. Dietrich, Oberbannführer Lorenz, zwei Funker, zwei Fernschreiber)
15 Gepäckwagen
16 Gepanzerter Spezialwagen (2 cm-Flakzug, 26 Mann Besatzung)

Daß dieses von Speer wiedergegebene Dokument seinerzeit als *Geheime Kommandosache* eingestuft war, überrascht nicht, wenn man damit die offiziell publizierte Version über den 'Führerzug' vergleicht: *Auf engstem Raum und unter Verzicht auf alle Bequemlichkeit war sachlich und personell der kleinstmögliche Arbeitsstab vereinigt, den der Führer zu der militärischen und politischen Gesamtführung des Reichs benötigte* (Reichspressechef Dr. Otto Dietrich: *Auf den Straßen des Sieges,* Zentral-Verlag der NSDAP Franz Eher Nachf., München, 1939).

Sämtliche BBÖ-Maschinen der Type 329 (DRB 35.1) wurden während des Zweiten Weltkriegs nach Polen überstellt; einer entgleisten Laufachse verdanken wir diese Foto-Rarität. *Sammlung Verlag Slezak*

Auf der Westbahnstrecke bei Wien: die altösterreichische Schnellzugstype 310 (DRB 16.0) mußte im Krieg auch Güterzugdienst (hier vor DRB-Reihe 50) leisten. Der Personenwagen als Behelfs-Dienstwagen ist ebenfalls für diese Zeit typisch. *Foto Ch. Lieben / Sammlung F. Kraus*

Seite 40:
Wegen der alliierten Seeblockade lieferte das Deutsche Reich gemäß Regierungsabkommen seit März 1940 allmonatlich eine Million Tonnen Kohle auf dem Schienenweg ins verbündete, energiearme Italien. Sämtliche vierundvierzig 1F-Lokomotiven Baureihe 59.0 verkehrten auf österreichischen Strecken (siehe Giesl-Gieslingen: *Lokomotiv-Athleten,* Verlag J. O. Slezak, Wien 1976, S. 260). Hier zieht der württembergische Sechskuppler 59 014, seit 1. 7. 1942 in Mürzzuschlag stationiert, einen Zug italienischer Kohlenwaggons über die Semmeringbahn. Im Tagesdurchschnitt hatte die Reichsbahn neben den Kriegstransporten 45 Züge Kohle für Italien zu bewältigen. *Foto Hilscher (1942/43)*

Einheitslokomotive 50 2188 auf der Westbahn bei Hütteldorf-Hacking; als Behelfs-Dienstwagen läuft hier ein deutscher Dreiachser. *Foto Ch. Lieben (1942) / Sammlung F. Kraus*

Eine Lokomotive der Baureihe 50, aus welcher später die vereinfachte Kriegslokomotive Reihe 52 entwickelt worden ist, auf der Westbahn. Diese 50er bauten die Skoda-Werke in Pilsen (Fabriksnummer 1206/1942), die damals ins Bauprogramm der Deutschen Reichsbahn einbezogen waren. *Foto Hilscher*

Die Kriegszeit brachte in das abwechslungsreiche Leben dieser österreichischen Nebenbahnlokomotive (1898 als 97.152 mit drei Kuppelachsen gebaut, 1935 auf Achsfolge 1A1 und Ölfeuerung als 12.02 umgebaut) eine weitere Änderung: nachdem die DRB sie zunächst unverändert übernommen und mit der Nummer 69 002 bezeichnet hatte, ließ die RBD Wien sie später zur Brückenprobelokomotive umbauen, mit der Bahndienstnummer 069 002 versehen (16. 3. 1942) und schließlich die Ölfeuerungseinrichtung entfernen.
Foto DRB (1944/45) / Sammlung Österreichisches Eisenbahnmuseum

Die weißen Ränder der Pufferteller (bessere Sicht bei Verdunkelung) lassen erkennen, daß hier die 33 131 (BBÖ 113.31) den D122 bereits im Krieg über die Steigung bei der Station Ederbauer bringt; auch der 3.-Klasse-Zweiachser als Behelfs-Dienstwagen und der Zellenwagen dahinter sind für diese Zeit typisch.
Foto Ch. Lieben (23. 8. 1941) / Sammlung Ing. W. Urbanczik

Diese englische Lokomotive (Great Western Railway No. 2435, War Department No. 188) brachten die englischen Truppen, die Frankreich gegen die einfallende Deutsche Wehrmacht helfen sollten, auf den Kontinent mit. Beim Rückzug der Engländer blieb sie aber in Dünkirchen zurück und kam in den Bestand der Deutschen Wehrmacht. Unter der Griffstange am Führerhaus erkennt man noch schwach die Aufschrift *Deutsche Wehrmacht OKH.* Nach einer Generalreparatur in Cottbus (Druckluftausrüstung!) gelangte sie schließlich mit zurückziehenden deutschen Truppen nach Österreich, wo sie allerdings nicht mehr in Betrieb kam und wo sie unser Foto zeigt (mit sowjetischem Hoheitszeichen in Wien-Hütteldorf 1948). Da England auf eine 'Repatriierung' verzichtete, endete die Maschine im Auftrag der sowjetischen Wirtschaftsverwaltung in einem Hochofen in Enzesfeld an der Triesting. *Foto F. Kraus*

Am 20. Februar 1944 übergab die Lokomotivfabrik Wien-Floridsdorf die 52 7629 (Fabriksnummer 16977) als tausendste von ihr (in nur 1 1/2 Jahren!) gebaute 52er festlich geschmückt der Reichsbahn.
Foto Hilscher / Sammlung Verlag Slezak

In den letzten Kriegstagen mußten die Soldaten auch mit offenen Wagen vorlieb nehmen. Waggon FS L 7471217 mit aufgebauter Peilhütte einer Funkstelle auf dem Rückzug in Sigmundsherberg nordwestlich von Wien. Vorn die Kriegslokomotive 52 4419 (gebaut bei Henschel im September 1944).
Foto J. Slezak (7. 4. 1945)

Eine gepanzerte preußische G10 (DRB 57 3070) von einem Panzerzug der Deutschen Wehrmacht, in Obdach (Kärnten) abgestellt. *Foto F. Kraus (1946)*

So reiste man in den ersten Tagen nach der Befreiung Österreichs: deutsche Abteilwagen auf der Westbahn bei Hütteldorf-Hacking. *Foto F. Zvacek (4. 5. 1945) / Sammlung Verlag Slezak*

54 023

Bahnhof ST. PÖLTEN vor 1945

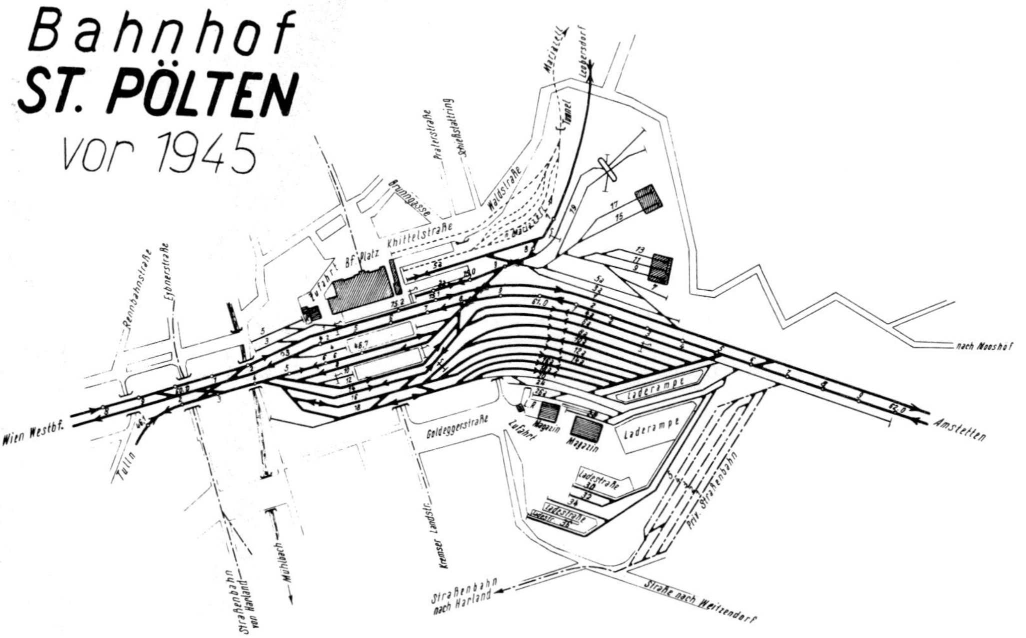

Bahnhof ST. PÖLTEN 1945

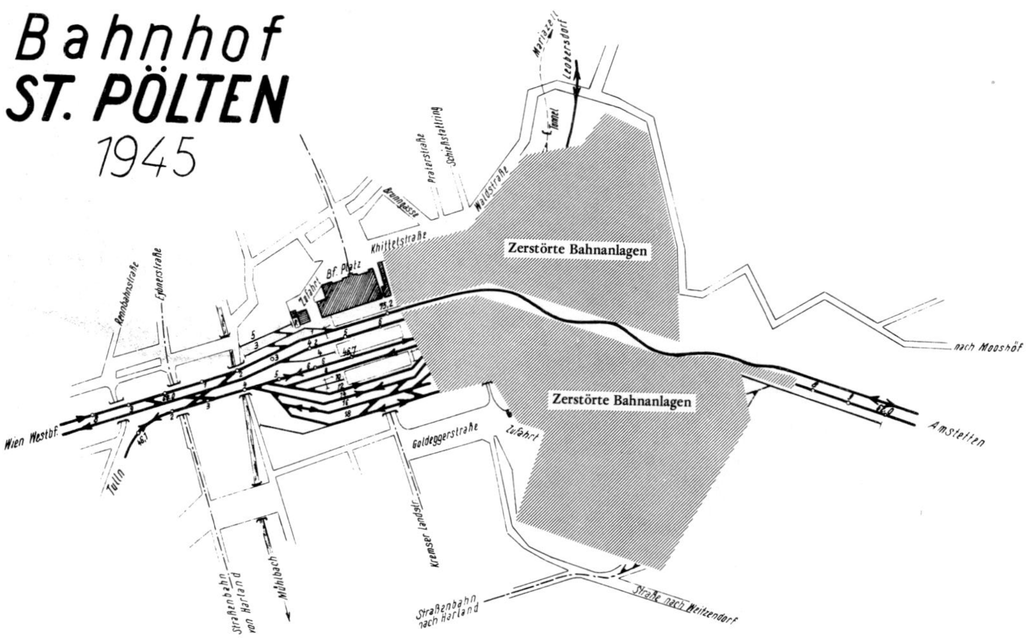

Am 2. April 1938 prophezeite im Wiener Technischen Museum Hofrat Ing. Dr. E. Feyl vom Reichsverkehrsministerium, Abwicklungsstelle Österreich, *daß die Überleitung der österreichischen Bundesbahnen in die Deutsche Reichsbahn Deutschösterreich und dem ganzen Reich zum größten Vorteil gereichen wird. Wirtschaft und Kultur werden in ungeahntem Ausmaß gewinnen und die Verkehrstechnik, die zur Lösung schwieriger Aufgaben berufen sein wird, wird zu neuer Blüte aufstreben* (*Wiener Zeitung*, 6. 4. 1938). Was demgegenüber die sieben Jahre deutscher Herrschaft den österreichischen Bahnen tatsächlich gebracht haben, zeigt das Beispiel vom Bahnhof St. Pölten. Mehr als die Hälfte der Gleisanlagen waren zu Kriegsende von Bomben richtiggehend umgepflügt. Selbst das eine Gleis, das provisorisch durch das zerstörte Gelände gelegt werden konnte, mußte schlangenförmig den größten Bombentrichtern ausweichen. Auf dem oberen Foto erkennt man die umgestürzte Lokomotive 54 023 (BBÖ 60.213), links daneben den Kastentender einer 52er und auf dem unteren eine 170er (DRB 56.31-33).

Fotos Farsky und *Penz / Sammlung Österreichisches Eisenbahnmuseum*

DRB-Lokomotive 57 1983 mit Tarnanstrich und Aufschrift DR-Ost, nach dem Krieg in Obdach (Kärnten) hinterstellt. *Foto F. Kraus (1946)*

Panzerlokomotive DRB 93 058 unter vielen anderen abgestellten Lokomotiven in Knittelfeld (Steiermark). *Foto F. Kraus*

Die amerikanischen Streitkräfte brachten mit ihren Landetruppen auch 1D-Lokomotiven mit. Nach Kriegsende gingen diese weitgehend in den Bestand der europäischen Bahnverwaltungen über. Unser Bild zeigt die Lokomotive 1882 (gebaut von den Lima-Werken im Jahre 1943) noch mit der großen Aufschrift USA, rechts oberhalb davon steht etwas kleiner US-ZONE ÖSTERREICH. 1953 erhielt diese Lokomotive die ÖBB-Nummer 956.07, wurde aber schon zwei Jahre später ausgeschieden. *Foto A. Hofbauer (Linz, 1945)*

Die von den Amerikanern mitgebrachten Dienstwagen entsprachen dem in den USA üblichen 'caboose', waren allerdings zweiachsig. Die Aufschrift rechts lautet TRANSPORTATION CORPS. *Foto O. Bamer*

Das Münchner Abkommen vom 29. September 1938 sprach dem Deutschen Reich die vornehmlich von (Sudeten)deutschen bevölkerten Randgebiete der Tschechoslowakei zu. Bevor die deutschen Truppen das Sudetengebiet besetzten, waren die Tschechen bestrebt, möglichst viel rollendes Material in die Rest-Tschechoslowakei zu bringen. Dieses Foto, am 3. Oktober 1938 aufgenommen, zeigt uns einen solchen 'Raubzug', den aber Aktivisten des Sudetendeutschen Freikorps bei Weipert (auf der Strecke von Komotau nach Annaberg im Erzgebirge), wie der einkopierte Text besagt, 'lahmgelegt' haben. Das spätere Schicksal dieser gekaperten Lokomotive 344.502 präsentiert sich als kleiner Treppenwitz der Weltgeschichte. Denn gerade sie ging nicht an die Deutsche Reichsbahn über, sondern wurde den Böhmisch-Mährischen Bahnen (BMB-ČMD), wie die Bahnen in der Rest-Tschechoslowakei (Protektorat Böhmen und Mähren) hießen, zugeteilt. Ja, so ist das nun einmal: das Freikorps denkt und die Eisenbahnbürokratie lenkt.

Sammlung W.K. Tauer

Auch die ČSD-Lokomotive 434.1118, mit deren Speisewasser sich deutsche Soldaten eifrig die Hände waschen, fiel nicht in deutsche Hände, sondern verblieb im Bestand der BMB, was aber im Endeffekt kein großer Unterschied war, denn schließlich wurden ja auch die BMB in die deutsche Kriegsmaschinerie eingespannt. *Sammlung H. Wenzel*

Die Maschinenfabrik der Staatseisenbahngesellschaft in Wien baute diese Lokomotive im Jahre 1891 für die Ungarischen Staatsbahnen (letzte Betriebsnummer dort 377.116). Nach 1918 fiel sie an die Tschechoslowakei (310.412), die sie zu einer Panzerlokomotive umbauen ließ. Dadurch wurde sie schwerer und erhielt die neue Nummer 313.901. Das obere Bild zeigt sie in der Slowakei im Panzerzug Nr. 3. Sie dürfte sich aber (wohl als zu schwach) in ihrem neuen Aufgabenbereich nicht bewährt haben. Noch während des Krieges wurde sie zu einer zivilen Lokomotive 'entpanzert', behielt aber ihr rundes Führerhausdach. Am 21. 11. 1944 unterzog sie sich im Reichsbahn-Ausbesserungswerk Gmünd einer Generalreparatur und nach Kriegsende fand sie sich als Verschublokomotive in Ebensee (Oberösterreich, unteres Bild, 1946 von Franz Kraus fotografiert). Bald wurde sie jedoch hinterstellt. Schließlich musterten sie die ÖBB am 22. 12. 1953 nach Übereinkunft mit den ČSD aus und sie fand in einem Linzer Hochofen ihr Ende.

Der in den letzten Kriegstagen schwerst zerstörte Hauptbahnhof Gmünd (1919–1939 und seit 1945 České Velenice) kurz nach dem Fliegerangriff. *Fotos J. Slezak (8. 4. 1945)*

Die Deutsche Wehrmacht griff am 1. September 1939 das unvorbereitete Polen mit modernsten Waffen an und konnte – unterstützt von der damals mit dem Deutschen Reich verbündeten Sowjetunion – es in 18 Tagen erobern. Das Bild zeigt eine Brücke und einen (brennenden) Munitionszug, von deutschen Sturzkampfbombern genau getroffen.

Kölnische Illustrierte Zeitung, 5. 10. 1939

Auf ihrem Rückzug sprengten die polnischen Truppen kleine und große Brücken, konnten damit aber den Vormarsch der Deutschen Wehrmacht nicht wesentlich beeinträchtigen. *Oben:* Gesprengte Eisenbahnbrücke in Lonkau (bei Pleß in Oberschlesien), unter ihr die PKP-Lokomotive TKw1-52, eine ehemalige preußische T16.1 (DRB 94.13-18). *Unten:* Die berühmte Doppelbrücke über die Weichsel bei Dirschau (heute Tczew) südlich von Danzig. *Sammlung Verlag Slezak* und *Illustrierter Beobachter,* Heft 37/1939

Nachdem dieser polnische Panzerzug Warschau nordostwärts verlassen hatte, traf ihn bei Łochów die Bombe eines Sturzkampffliegers.

Unter Leitung von General Blaskowitz (zweiter von links) fanden im Wagen des Armee-Oberkommandos in den Skoda-Motorenwerken bei Rakow die Verhandlungen über die Kapitulation von Warschau statt. *Die Woche, 4. 10. 1939*

Preußischer Akkumulatortriebwagen, 1919 an Polen gefallen (PKP 90 032, Heimat-Bw Toruń), 1939 im Krieg zerstört. *Sammlung Bundesarchiv*

Das aufgemalte 'Deutsch' kennzeichnete nach der Eroberung Polens jene PKP-Lokomotiven und -Wagen, die an Deutschland fielen, wie hier die Ok1-25 mit Tender 22D1-14 (eine ehemalige preußische P8) in Sedziszow in Polen (1940). *Sammlung Bundesarchiv*

Oben: Zur Reparatur abgestellte polnische Lokomotiven. Vorn die 1E-Güterzuglokomotive Ty23-698 (1939).
Sammlung Bundesarchiv

Rechts: Zur Zeit der deutschen Besetzung erhielt die Eisenbahnverwaltung im Rest-Polen (Generalgouvernement genannt) die Bezeichnung *Ostbahn*, die aber offenbar nicht einmal in Eisenbahnerkreisen richtig geläufig wurde, so daß es selbst in Dienstvorschriften *Ostbahn (Eisenbahn im Generalgouvernement)* hieß. Ostbahn-Lokomotiven behielten die ehemaligen PKP-Nummern, wie die hier um 1941 fotografierte Ty23-156 (Bw Siedlce; später DRB 58 2403). *Sammlung Bundesarchiv*

DRB-Lokomotive 38 3087 (Bw Crailsheim) bei Warschau. *Sammlung Bundesarchiv*

DRB-Lokomotive 57 2534 (RBD Osten = Frankfurt an der Oder, Bw Landsberg/Warthe) führt – mit teilweiser Frostschutzverkleidung – Nachschubzüge an die Front. Die Aufschrift DR-Ost kennzeichnet diese Lokomotive (Bw Smolensk-Ost) als Bestand der Betriebsleitung Osten beim Chef des Transportwesens (im besetzten sowjetischen Gebiet).
Sammlung Bundesarchiv

DRB-Lokomotive 50 2180 (Bw Warschau West) in Polen 1942.
Sammlung Bundesarchiv

Rechts: Deutsche Soldaten führen eine niederländische dieselelektrische Rangierlokomotive aus der Nummerngruppe 201 bis 369 und einen mit Schützen besetzten Hochbordwagen ins Gefecht.

Neues Wiener Tagblatt, 19. 5. 1940

Unten: Die während der Schlacht um Arnheim im September 1944 schwer beschädigte 2B-Lokomotive Nr. 1808 der Niederländischen Eisenbahnen (1906 gebaut, bis 1921 Staatens Spoorwegen Nr. 908) vor dem Heizhaus des Depots Arnheim. 1947 wurde sie verschrottet.

Aus *De Spoorwegen in Nederland*, 1948

Streckensperre beim Einmarsch nach Belgien, Mai 1940, SNCB-Lokomotive 8173 (?), ehemalige preuß. G8.
Sammlung Bundesarchiv

SNCB 9326 blockiert eine Drehscheibe im Bw Bertrix in Südostbelgien (1940). *Sammlung Bundesarchiv*

Eine ehemalige preußische T9.3 (rechts) und eine T14 (unten; ursprünglich Breslau 8515, auf dem Bild mit belgischer Nummer) bei Aufräumungsarbeiten (1940).
Sammlung Bundesarchiv

Behelfsbrücke beim Einmarsch nach Nordfrankreich mit 1D-Güterzugslokomotive der SNCF-Region 2, ehemals Nord 4.129; noch nicht endgültig umgezeichnet.
Sammlung Bundesarchiv

Beim deutschen Einmarsch in Frankreich: SNCF 1.040.D.253 (dép. Troyes) und 40155 (Ex Est) in Barisey la Côte südwestlich von Nancy (Juli 1940). *Sammlung Bundesarchiv*

Dieselbe Behelfsbrücke wie auf Seite 63, jedoch mit SNCB-Lokomotive 9009 (preußische G10, Beute von 1918).
Sammlung Bundesarchiv

Lokomotive SNCF (Paris – Orléans – Midi) 231.626 in St. Florent-le-Vicil (Bahnhof Varades) an der unteren Loire (Juni 1940).
Sammlung Bundesarchiv

Bekohlung einer ETAT-1D1 in einem Betriebswerk der Region Ouest. *Sammlung Bundesarchiv*

Erbeutetes französisches Eisenbahngeschütz mit 34-cm-Kanone und einer maximalen Schußweite von 37,6 km. *Sammlung Bundesarchiv*

Mit solchen Zerstörungen mußten die Eisenbahner fertigwerden. Als am 25. 6. 1940 der Waffenstillstand in Kraft trat, wies das SNCF-Netz 448 zerstörte Brücken und 27 unpassierbare Tunnel auf. Alle vier Bilder zeigen den zerstörten Bahnhof Evreux westlich von Paris im Juni 1940. *Sammlung Bundesarchiv*

Links: Deutscher Eisenbahn-Panzerzug in Frankreich. Auf dem ersten Bild sieht man die Vorbereitungen zum Aussetzen des Panzerwagens, auf dem zweiten bereits das Herablassen.
Sammlung O. Bamer

Unten: Der ISG-Speisewagen 2419 wurde mehr als jedes andere Eisenbahnfahrzeug ein historisches Objekt. 1913 gebaut, versah er zunächst regulären Dienst und wurde erst 1918 zum Salonwagen für den französischen Marschall Foch umgebaut. In ihm wurde am 11. November 1918 im Wald von Compiègne der Waffenstillstand zwischen Frankreich und Deutschland unterzeichnet. Zum Gedenken an dieses Ereignis stellte ihn die französische Regierung zunächst (1921) im Invalidendom in Paris und 1927 in einer eigenen Halle auf der historischen Waldlichtung von Compiègne auf. Nach seinem Sieg über Frankreich ließ Hitler in diesem Wagen am 22. Juni 1940 den neuen Waffenstillstand unterzeichnen. Der Wagen wurde als Trophäe nach Berlin gebracht und dort im Lustgarten zur Besichtigung aufgestellt, wie unser Bild (aus den *Münchner Neuesten Nachrichten* vom 25. März 1941) zeigt. Danach in einem Güterschuppen abgestellt, wurde er bei einem Luftangriff vollkommen zerstört. Damit ist die Geschichte aber noch nicht zu Ende. Nach dem Zweiten Weltkrieg wollten die Franzosen ihr Nationaldenkmal in Compiègne wiederherstellen, erwarben den Speisewagen No. 2439 derselben Serie, ließen ihn umbauen und stellten ihn, mit der Nummer 2419 versehen, in Compiègne auf.

SNCF-Lokomotiven 3-140.B.1322 und 1459 nebst anderen Pershing-1D (ex US Army Transportation Corps 1918) in einem Bahnbetriebswerk der Region Ouest.

SNCF-Lokomotive 040 TA (Region Ouest, ehemals Reihe 40 der ETAT) mit Verdunklungsanstrich auf der Rauchkammer und auf den Puffern. *Sammlung Bundesarchiv*

Abgestelltes Rollmaterial mit Lokomotive AL 5279 in Diedenhofen (Thionville) an der Mosel. Hier befand sich ein Maschinenamt, bzw. Bahnbetriebswerk, welches der RBD Saarbrücken unterstand. *Foto Dr. J. Vial / Sammlung Wenzel*

SNCF-Lokomotive 2-040.D.40, eine ehemals preußische G8.1, in Frankfurt am Main am 22. 3. 1942.
Foto J. Slezak

Die Heeresbahnlokomotive Nr. 5043 pumpt mit eigener Kraft Speisewasser aus einem Reservefaß.
Sammlung Bundesarchiv

Französische Partisanen haben am 2. Mai 1944 diesen Schnellzug östlich von Lyon durch einen Sprengstoffanschlag zum Entgleisen gebracht. Die 2C1-Lokomotive ist umgestürzt, die Wagen sind entgleist. *Foto K. Meindl*

Wehrmachtszug mit SNCB-Lokomotive 8455 (Beute von 1918) in Nordfrankreich. *Sammlung Bundesarchiv*

SNCF-Lokomotive ETAT 141.233.
Sammlung van Kampen / Wenzel

Bahnübergang bei Lille, Nordfrankreich.
Unten: SNCB-Lokomotive 6420, eine ehemalige P8.
Rechts unten: Französische Lokomotive NORD 3.415 (2C) und eine ehemalige G8.1.

3
231-G-607

INTERDITE
DEUX DIRECTIONS

SNCF-Lokomotive 4-231.E.107 mit Verdunklungsanstrich in Südwestfrankreich (Narbonne?).
Sammlung Bundesarchiv

Wehrmachtsstab mit SNCF-Lokomotive 1-231.C.61 bei Ankunft im Pariser Gare de l'Est (Juni 1940).
Sammlung Bundesarchiv

Am 25. 8. 1942 befahl Hitler, die Atlantikküste bis 1. 5. 1943 mit einem Sperrgürtel zu befestigen, eine wegen des schütteren Verkehrsnetzes im Küstenbereich schwierige Aufgabe. Eisenbahn und Werkbahn (mit Motorlokomotive und Dampflokomotive 773) transportieren hier Material zum Bau des Atlantikwalls. Die Lokomotive 773 (Baldwin F-Nr. 44 651 von 1916), eine 2Ct für 600-mm-Spur, entstammt einer Großlieferung (495 Einheiten) für die britische Armee und diente zuletzt der Zuckerfabrik Béglun (Vis en Artois).
Sammlung Bundesarchiv

Italien, wo 1922 eine faschistische Regierung unter Benito Mussolini an die Macht gekommen war, schloß sich mit dem faschistischen Deutschland eng zusammen (Achse Berlin-Rom) und griff am 10. Juni 1940 an der Seite Deutschlands in den Krieg ein. Es befand sich also bereits im Kriegszustand, als die 1C1-Lokomotive 685.441 (Vierzylinder-Heißdampf) mit dem hier abgebildeten Schnellzug von Udine nach Venedig dampfte. *Foto G. Sandri (1941)*

Auf der Militäreisenbahn in Aosta (Italien): 1C-Lokomotive 645.017, für Rumänien gebaut, aber nicht mehr dorthin geliefert.
Foto G. Sandri (1940)

Militärzüge in Ivrea (Piemont): Zwei 1D-Lokomotiven der Gruppe 735; rechts die 735.196.
Foto G. Sandri (1940)

Rechts: Im Jahre 1940 schenkte Hitler seinem Bundesgenossen, Benito Mussolini, dem Führer (= Duce) der italienischen Faschisten, einen mit 16 Fliegerabwehrkanonen bestückten Flakzug (DRB-Nummer 919111 Bln). Neben Mussolini der deutsche General Ritter von Pohl; bei der Übergabe dieser *sehr wirksamen Angriffs- und Verteidigungswaffe,* wie die *Münchner Illustrierte Presse* vom 8. August 1940 schrieb, der dieses Bild entnommen ist.

Unten: Im Juli 1943 fielen die ersten Fliegerbomben auf die Bahnhöfe Rom-Termini und Bologna. Mit dem alliierten Vormarsch bis in den Apennin wurden die Bahnanlagen Oberitaliens zunehmend Opfer schwerer Bombenangriffe, wie hier der Rangierbahnhof Mailand-Smistamento, aufgenommen am 30. 4. 1944 um 12.30 Uhr.

Sammlung Wenzel

Im besetzten Jugoslawien verübte die Partisanen auf Eisenbahnanlage immer wieder Anschläge. Diese Ent gleisung einer ehemaligen österreichi schen 170er am 28. 9. 1942 in Ed lingen (zwischen Laibach und Stein brück) war allerdings auf eine schlech te Weichenstellung zurückzuführen.
Sammlung Dr. Hillebrand / Sleza

Partisanen verursachten dagegen di Entgleisung dieser Lokomotive (Rei he 170) und das Abstürzen einige Kesselwagen ins Bett der Save be Eichtal (nordwestlich von Steinbrück im Juni 1943.
Sammlung Dr. Hillebrand / Sleza

Ebenfalls im Juni 1943 nach einem Partisanenanschlag bei Grübel (zwischen Cilli und Pöltschach) entgleist: Lokomotive 57 380 (ehemals JDŽ 28-003, eine österreichische 80er). *Sammlung Dr. Hillebrand / Slezak*

Ebenfalls im Juni 1943 verübten Partisanen bei Littai (zwischen Laibach und Steinbrück) einen Anschlag auf diesen italienischen Wehrmachtszug mit der Lokomotive 75 1412 (ehemals JDŽ 17-053).

Im Juli 1943 verunglückter Schnellzug bei Lichtenwald (südöstlich Steinbrück) mit einer Südbahn-109er, die aus dem JDŽ-Bestand an die DRB überging (38 4118–4130). *Sammlung Dr. Hillebrand / Slezak*

Die 54 028 (ehemals BBÖ 60.240), damals beim Bw Steinbrück stationiert, brachten Partisanen im August 1943 bei Reichenburg (auf der Strecke Steinbrück – Zagreb) zum Entgleisen.

Auf so einfache Art ließen die Partisanen Züge entgleisen: sie lösten die Laschen eines Schienenstoßes und verrückten die Schienenenden.
Sammlung Dr. Hillebrand / Slezak

Die Lokomotive 58 803 (ehemal BBÖ 181.03) des Zugs DmW 118 (D-Zug mit Wehrmachtsteil) entgleist infolge Sabotage am 2. Sept. 194 bei Gurkfeld (zwischen Steinbrüc und Zagreb, km 363,3) und stürzt um.

Die 58 803, damals dem Bw Ma burg/Drau zugeteilt, verblieb nac 1945 in Jugoslawien und erhielt dor die Nummer 29-030.

Parteifunktionäre besichtigen die Un fallstelle.

Sammlung Dr. Hillebrand / Sleza

abotageanschlag am 24. 10. 1943 wischen Littai und Sawadorf (auf ler Strecke Laibach – Steinbrück): die .okomotive 56 3390 (ursprünglich kStB 170.771, später JDZ 24-022) türzte über die Böschung zum Save-Jfer.

Sammlung Dr. Hillebrand / Slezak

Nach einem Anschlag
schen Edlingen und Sa
dorf am 5. Jänner 1944
gleiste die Lokomo
56 3382 (ursprüng
kkStB 170.541, später
24-011) und etliche Gü
wagen stürzten um.
Sammlung Dr. Hillebra
Sl

tisanen ließen am 19. 1.
44 bei Eichtal (nordwest-
n von Steinbrück) beide
komotiven eines schwe-
Güterzugs abstürzen,
e der Baureihe 52 und
e der Reihe 58 951-961
emals BBÖ 380.100;
n erkennt die gekröpfte
ibachse dieser Vierzy-
der-Verbundmaschine).
mmlung Dr. Hillebrand / Slezak

Bei Tüffer (zwischen Cilli und Steinbrück) verübten am 21. Jänner 1944 Partisanen auf einen Güterzug, gezogen von der 1D1-Lokomotive 39 411 (ehemals JDŽ 06-012) vom Bw Marburg/Drau, einen Anschlag.
Sammlung Dr. Hillebrand / Slezak

Die 52 7117 stürzte bei diesem Attentat vom 21. Jänner 1944 ebenfalls ab.

Die 52 7037 mit einem Hilfszug bei den Aufräumungsarbeiten. *Sammlung Dr. Hillebrand / Slezak*

Gegenüberstellung der auf den Seiten 80 bis 89 genannten Stationsnamen mit den heutigen:

Agram	Zagreb	Gurkfeld	Krško	Pöltschach	Poljčane
Cilli	Celje	Laibach	Ljubljana	Reichenberg	Brestanica
Edlingen	Zagorje	Lichtenwald	Sevnica	Sawadorf	Sava
Eichtal	Hrastnik	Littai	Litija	Steinbrück	Zidani most
Grübel	Grobelno	Marburg	Maribor	Tüffer	Laško

93 220

Das rückwärtige Heeresgebiet war mit seinen Verbindungswegen zur Front ständigen Partisanenüberfällen ausgesetzt. Minen unter den Schienen, Sprengladungen an Brücken und Signalen, Angriffe auf einsame Posten bei Ausweichstellen an eingleisigen, oft mitten durch weite Wälder führenden Strecken, ja sogar auf Bahnhöfe unterschieden das Leben des Feldeisenbahners nicht allzu sehr von dem des Soldaten. Beiderseits der Bahntrasse wurden in gefährdetem Waldgebiet breite Streifen gerodet, damit Lokomotivführer und Zugsschutzbesatzung das Gelände besser übersehen könnten. In der Partisanenbekämpfung lag auch die Hauptaufgabe der Panzerzüge. Links oben die gepanzerte Lokomotive DRB 93 220 (preußische T14.1) von der RBD Berlin im Mai 1941 in Serbien, links unten mit ausschwärmenden Soldaten zur Partisanenbekämpfung. Während die Panzerlokomotive auf Seite 90 das Eigentumskennzeichen *Deutsche Reichsbahn* angebracht hat, steht auf jener von Seite 91 *Deutsche Wehrmacht* angeschrieben. Die Panzerzüge unterstanden bis 1943 den Eisenbahnpionieren, danach den Panzertruppen. Nach ihrer vernichtenden Niederlage bei Stalingrad zur Jahreswende 1942/43 sahen sich die Deutschen nicht nur in der Sowjetunion, sondern auch auf dem Balkan in bedrohlich zunehmende Partisanenkämpfe verwickelt. *Sammlung Bundesarchiv*

Pioniere bauen bei Belgrad über die Donau eine Eisenbahnbrücke (General-Gercke-Brücke; Gercke war bis Kriegsende Chef des Transportwesens); auf ihr (*unten* und *rechts*) 2D-Lokomotiven Reihe 424 der MÁV (1941). *Sammlung Bundesarchiv*

MÁV-Lokomotive V40 022 mit einem deutschen Transportbegleitkommando in Budapest-Kelenföld. Davor stehen zwei ungarische Soldaten (einer mit Stahlhelm) habtacht. *Foto Dr. F. Slezak (5. 7. 1941)*

MÁV-Schmalspurbahn bei Tokaj in Nordungarn. *Sammlung Bundesarchiv*

Ein trauriges Bild bot der ungarisch/österreichische Grenzbahnhof Hegyeshalom (Straß-Sommerein) zu Kriegsende. Auf dem unteren Bild erkennt man eine Lokomotive der Reihe 310 (DRB 16.0).
Fotos RBD Wien / Sammlung Österreichisches Eisenbahnmuseum

Im Zweiten Weltkrieg gab es ungewöhnliche Zugläufe über Strecken, die sonst nur dem Lokalverkehr dienten, wie etwa der DmW 235 (DmW = D-Zug mit Wehrmachtsteil) Wien Südbahnhof–Wiener Neustadt–Sopron Südbahnhof–Szombathely–Beograd, den unsere Aufnahme vom August 1943 mit MAV-Lokomotive Reihe 424 zwischen Sopron Südbahnhof und Harka-Kophaza (Magyarfalva) zeigt, wo damals ein kurzes Streckenstück zweigleisig war. *Foto Dr. M. Kubinszky*

ıdenburg (Sopron) und seine Bahnılagen haben schwere Kriegsschäden ɾlitten. Das Bild links unten zeigt ɛn an ein Kanonenrohr gemahnenɛn Dampfsammler der Brotan-Feuerüchse einer ungarischen 324er im eizhaus Sopron und das Foto rechts ınten eine wiederaufgebaute Brücke ei der Belastungsprobe (Aug. 1949) ıit der GySEV-Lokomotive 141 (ehemals BBÖ 478.14 = DRB 92 2514), ie zu Kriegsende in Ungarn gebliebɛn war und erst 1951 an Österreich ırückgestellt wurde. Das Bild rechts, ufgenommen von E. Schörner im ıhre 1946, zeigt den MÁV-Triebagen BCmot 375 mit der in den estlichen Besatzungszonen üblichen ufschrift ALLIED FORCES (Alliirte Streitkräfte) in Oberbayern Bahnhof Endorf).

Die Überbrückung des 16 km breiten Überschwemmungsgebiets der Donau bei Cernavoda gehört zu den großartigsten Eisenbahnanlagen der Welt. Vom Norden her führt die Bahn zuerst über eine Brücke mit drei Öffnungen von 140 m und elf Flutöffnungen von je 50 m Weite, dann über einen 13 km langen Steindamm mit 34 Wasserdurchlässen und zuletzt über die Donau selbst auf der hier gezeigten Brücke, über deren Einfahrt PODUL REGELUI CAROL I. (Brücke König Carol I.) steht. Sie hat fünfzehn Öffnungen zu 61 m, vier zu 140 m und eine von 190 m. 30 m Raum bis zum Wasserspiegel gestattet selbst größten Segelschiffen die Durchfahrt. Die Donaubrücke bei Cernavoda mit ihrem 1650 m langen Tragteil (Gesamtlänge 3850 m) wurde 1890/95 nach Plänen von Anghel Saligny erbaut und später dem Andenken des 1914 verstorbenen Königs Carol I. geweiht. Die Baukosten betrugen 50 Mill. Goldfranken. Den Namen des Konstrukteurs trägt ein Industrievorort mit Bahnstation bei Cernavoda. Die CFR-Lokomotive 50530 entspricht der preußischen G10.

Sammlung Bundesarchiv

Generalfeldmarschall List mit Begleitung vor der CFR-Lokomotive 230 503 (preußische P8).
Sammlung Bundesarchiv

Der deutsche Nachschubzug Nr. 294, der Wien Ost am 5. Juli 1941, 1.50 Uhr, verlassen hat, hält hier am 8. Juli von 11 bis 16 Uhr zum Maschinenwechsel in Predeal. Vor dem griechischen Güterwagen (Zτ 7325), mit Beute-Aufschrift *Deutsch* versehen, der Abteilwagen 92018 Mü C3i PwgC für die Begleitmannschaft (Uffz. Willi Freistetter und 18 Mann) und ein altösterreichischer Dienstwagen. Nach zweitägigem Aufenthalt in Marasesti gelangte die Fahrtnummer 0528046 am 13. Juli an ihr Ziel Roman in der Moldau. Links hinten die Lokomotive 140.443 eines rumänischen Militärzugs. *Foto Dr. F. Slezak*

Die CFR-Lokomotive 324.268 führt einen deutschen Nachschubzug Wien–Bukarest durchs Maroschtal und hält hier in Deva. *Foto Dr. F. Slezak (20. 6. 1941)*

Da das 1940 um seine Randgebiete verkleinerte Rumänien entsprechendes Rollmaterial an die Nachbarstaaten abgeben mußte, wurden Lokomotiven und Waggons knapp. *Foto Hohagen / Sammlung Wenzel*

Rumänische Soldaten und Zivilisten verstanden es jedoch, die Zugskapazität voll auszunützen, ob es sich nun um rumänische Personen- oder deutsche Güterwagen handelt. *Foto Hohagen / Sammlung Wenzel*

CFR-Lokomotive 50.783 (preußische G10, Nachbau Malaxa) mit Soldatentransport. *Sammlung Bundesarchiv*

BDŽ-Lokomotive 03.12 vor einem Sonderzug im Bahnhof Sofia (um 1941). *Sammlung Bundesarchiv*

Eine DRB-Lokomotive der Reihe 58 (preußische G12) mit einem Bahnpersonaltransport nach Sofia (1942). *Sammlung Bundesarchiv*

Die DRB-Lokomotive 57 1377 (preußische G10, Betriebswerk Thessaloniki) kam mit dem deutschen Einmarsch ins sonnige Griechenland (Sommer 1941). *Sammlung Bundesarchiv*

Eine sommerliche Essenspause mit der Reihe 57.10 im Hintergrund (1941). *Sammlung Bundesarchiv*

Litauen 357 (preußische G7.2) vom Bw Škirotawa in Riga 1941/42. *Foto H. Schultz / Sammlung Wenzel*

Litauen 354 (preußische G7.2) vom Bw Škirotawa in Riga 1941/42. *Foto H. Schultz / Sammlung Wenzel*

Litauen 14 (1B2t) vom Bw Škirotawa in Riga 1941/42. *Foto H. Schultz / Sammlung Wenzel*

Litauen 683 (preußische G5.4) vom Bw Škirotawa in Riga 1941/42. *Foto H. Schultz / Sammlung Wenzel*

Litauische 2B-Lokomotive K5 121 auf Breitspur in Dno. *Sammlung Verlag Slezak*

DRB-Reihe 56.2 (Umbau aus preußischer G8.1) vom Bw. Mitau (= Mu) in Riga 1941/42.
Foto H. Schultz / Sammlung Wenzel

DRB-Reihe 56.2 (Umbau aus preußischer G8.2) in Riga 1941/42. *Foto H. Schultz / Sammlung Wenzel*

DRB 38 2264 (RBD Hamburg) vom Bw Škirotawa in Riga 1941/42. *Foto H. Schultz / Sammlung Wenzel*

DRB 55 478 (DR-Ost, preußische G7.1) vom Bw Škirotawa in Riga 1941/42.
Foto H. Schultz / Sammlung Wenzel

DRB 55 492 (DR-Ost, preußische G7.1) vom Bw Škirotawa in Riga 1941/42.
Foto H. Schultz / Sammlung Wenzel

DRB 91 636 (preußische T9.3) vom Bw Škirotawa in Riga 1941/42. *Foto H. Schultz / Sammlung Wenzel*

DRB 55 5364 (RBD Halle/S.) vom Bw Jõhvi (= JI, 50 km westlich von Narva) im Baltikum 1941/42.
Sammlung Bundesarchiv

DRB 93 1129 (DR-Ost, preußische T14.1) vom Bw Škirotawa in Riga 1941/42.
Foto H. Schultz / Sammlung Wenzel

Sowjetlettischer Fünfkuppler in Dünaburg (Daugavpils) 1941. *Sammlung Bundesarchiv*

DRB 38 1636 (RBD Erfurt) vom Bw Mitau (= Mu) in Riga um 1941. *Foto H. Schultz / Sammlung Wenzel*

Litauen 303 (preußische G8.1). *Sammlung Bundesarchiv*

Lettische 1A1-Lokomotive Tk 246 in Nowo Sokolniki 1943, neben einer russischen Щ vom Bw Pleskau (= PL).
Sammlung Wenzel

Ehemals preußische G7.3 (mit sowjetlettischer Betriebsnummer) nun Deutsche Wehrmacht, Bw Nowo Sokolniki, 1943.
Foto Kronawitter / Sammlung Wenzel

Völkischer Beobachter, 8. 10. 1941

Links: Telegrafenarbeiter vor Befehlswagen des Feldeisenbahn-Kommandos 2 im Raum Smolensk/Brjansk um 1942. Feldeisenbahn-Kommandos nannte man ab März 1942 die früheren Feldeisenbahn-Direktionen. Fekdo 2 hatte Smolensk als Standort. *Sammlung Bundesarchiv*

Unten: Der Originaltext zu diesem Bild lautet: *Der Fortgang der Offensive hängt von den rückwärtigen Verbindungen ab. Männer eines Reichsbahn-Bauzuges nageln die Bahnstrecke Shitomir–Korosten auf deutsche Spurweite um.* Offensichtlich wird aber nicht umgenagelt, sondern es wird zusätzlich zum Breitspurgleis ein Normalspurgleis verlegt, sodaß ein Vier-Schienen-Gleis entsteht. Die zu geringe Differenz läßt ein Drei-Schienen-Gleis nicht zu.

OKW: *Allen Gewalten zum Trotz,* Berlin, 1942

Rechts: Aufräumungsarbeiten im Bahnhof Wjasma 1941. Im Hintergrund 38 3003 (RBD Saarbrücken).
Sammlung Bundesarchiv

Unten: Umnagelung von Breit- auf Normalspur: eine Schiene wird um etwa 9 cm nach innen gerückt.
Sammlung Bundesarchiv

Die Differenz von 89 mm zwischen der Normalspur (1435 mm) und der russischen Breitspur (1524 mm), die hundert Jahre zuvor dem Zaren im Hinblick auf die Erschwernis für mögliche Eindringlinge willkommen war, hatte im Zweiten Weltkrieg bei weitem nicht jene kriegsentscheidende Bedeutung, die seinerzeit Strategen prophezeit hatten. Sowohl die deutschen als auch die russischen Truppen entwickelten eine erstaunlich gut organisierte Technik zum Umspuren der Gleise und auch der Fahrzeuge, sodaß weder der deutsche noch der spätere sowjetische Vormarsch durch den Spurwechsel entscheidend gehemmt war. Die vier Fotos zeigen einen Umspurbauzug zum Adaptieren von Waggonachsen in Wjasma im Jahre 1941.

Sammlung Bundesarchiv

eutsche Reichsbahn
Berlin 705 875

52 324, von der Wiener Lokomotivfabrik im Februar 1943 geliefert, in Weißrußland; Kriegslokomotiven kamen mitunter ohne Eigentumszeichen ins Frontgebiet.

Sammlung Bundesarchiv

SNCF 140-502 in Brest-Litowsk
Foto W. K. Tauer (5. 8. 1943)

Die russische O^B 2490 im Bahnhof Malin (nordwestlich von Kiew). *Foto L. Wegenstein (1941)*

Die großen sowjetischen Dampflokomotiven aus den zwanziger und dreißiger Jahren erhielten zweibuchstabige Reihenbezeichnungen nach Politikern, wie die hier abgebildete 2D1-Schnellzugslokomotive Reihe ИС (= IS = Josef Stalin). 20 bezeichnet die Achslast (20 Tonnen) und 119 ist die laufende Nummer innerhalb der Reihe IS20. Neben dem Emblem der sowjetischen Eisenbahnen (gekreuzter Hammer und Schraubenschlüssel) steht die Bahndirektion (Sap. Sh. D. = Westbahn). *Sammlung Bundesarchiv*

1E-Kondensationslokomotive (zur Wiederverwendung des kondensierten Abdampfes in wasserarmen Gebieten) CO19-391. *Sammlung Bundesarchiv*

Ein alter Vierkuppler der Reihe O^{B} in Mittelrußland. *Sammlung Bundesarchiv*

1E-Kondensationslokomotive CO19-338; an der Stirnfront war oft der Name, aus dem die Reihenbezeichnung abgeleitet ist, ausgeschrieben, wie hier: Sergo Ordshonikidse = SO = CO (zyrillisch).
Sammlung Bundesarchiv

Eine der frühen (ab 1926) Personenzuglokomotiven der Reihe CУ in Mittelrußland. *Sammlung Bundesarchiv*

E-Güterzuglok CCCP $Э^{M}$- 725.28 mit dem auf russischen Lokomotiven seit altersher weit verbreiteten 'Wodka-Geländer'. *Sammlung Bundesarchiv*

Der Tender der Lokomotive O^{B} 7027, im Bereich des AOK Mitte verwendet, erhielt ein Hakenkreuz aufgemalt, der Güterwagen trägt dagegen noch den Sowjetstern. *Sammlung Bundesarchiv*

Die auf diesen beiden Fotos festgehaltenen Fahrzeuge dürften damals unter deutschem Kommando noch auf russischer Breitspur gelaufen sein. Die Lokomotive auf dem unteren Bild trägt auf der Rauchkammertür sogar noch den Sowjetstern. *Sammlung Bundesarchiv*

Reihe CУ in der Ukraine.
Sammlung Bundesarchiv

O^{B} 6329 aus dem Bestand der Direktion Odessa. *Foto Augel / Sammlung Wenzel*

Kriegsmotorlokomotive KML 3 mit Zwangsarbeitern. *Sammlung Bundesarchiv*

1D-Güterzuglokomotive CCCP Щ 2038. *Sammlung Bundesarchiv*

Ein Räumungszug aus Odessa mit CO 19-203 auf freier Strecke von den Deutschen in Besitz genommen. Am 22. September 1941 meldete das Deutsche Nachrichtenbüro: 'Kein Mensch vermag Odessa (600.000 Einwohner) mehr zu retten'. Am 16. Oktober fiel die Stadt in deutsche Hand. *Sammlung Wenzel*

Eine demolierte Kondens-CO bei Wodoloj, 1941. *Foto Augel / Sammlung Wenzel*

Type Josef Stalin (Aufschrift oberhalb der Rauchkammertür) 20-475 in Wodoloj bei Odessa, 1941/42.
Fotos Augel / Sammlung Wenzel

Östliche Zugsimpression: lauter markante russische Eisenbahnfahrzeuge (1C1-Personenzugslokomotive Reihe C, Vierachser mit den typischen Lüftungsaufsätzen, zweiachsiger Kastenwagen aus der Zarenzeit und vierachsiger Kastenwagen aus der Sowjetzeit). *Sammlung Bundesarchiv*

C 845 mit 1. Mai-Emblem in der Ukraine, 1941. *Foto Augel / Sammlung Wenzel*

Die russische Schnellzugslokomotive СУ 96-37. *Sammlung Wenzel*

Bei Nikolajew trennten die abziehenden Russen (1941) die Lokomotiven von den Tendern und ließen diese in die Fluten des Bug rollen. Lokomotiven ohne Tender nützen dem Feind ja nichts.
Foto Augel / Sammlung Wenzel

Ein Schmalspur-Veteran in Südrußland. *Sammlung Bundesarchiv*

Abgestellte Lokomotiven bei Wjasma. *Sammlung Bundesarchiv*

Oben: Russische 2C-Lokomotive AB-54 als Kraftzentrale, Bw Osipowitschi südöstlich von Minsk, 29. 3. 1943.
Sammlung Wenzel

Mitte: Russische Partisanen legen eine Mine (1944).
Aus G. A. Kumanew: *Na slushbje fronta i tyla,* Moskau, 1976

Unten: Ein deutscher Soldat entfernt bei Gomel eine Mine.
Sammlung Bundesarchiv

Zwei Minenschutzwagen vor einer preußischen G8.1, DRB-Reihe 55, im Raum Gomel.
Sammlung Bundesarchiv

Schon hat es (*unten* und *rechts*) zwei 38er erwischt (bei Minsk, Herbst 1943). *Sammlung Neumann / Wenzel*

Hinter der Frontlinie nahmen die Deutschen oft russische Breitspurfahrzeuge in Betrieb, wie hier einen Fünfkuppler aus der Serie 3.
Sammlung Bundesarchiv

Lokomotive Э^{M}731-21 bei Jawkino, nordöstlich von Nikolajew. *Foto Augel (1941) / Sammlung Wenzel*

57 1626 (Heimat-Bw Landsberg/Warthe) bei DR-Ost im Bw Brest Hauptbahnhof (1941).
Sammlung Bundesarchiv

Stellwerk von Lida, östlich von Grodno, 1941. *Sammlung Bundesarchiv*

55 4401 (RBD Oppeln), Bw Brest II, im Bahnhof Brest. *Sammlung Bundesarchiv*

Havarierte Dsershinsky-Type (FD20-340) in Lida, 1941. *Sammlung Bundesarchiv*

Abgestellte CCCP-Lokomotiven in Smolensk, 1941; vorn erkennt man die österreichischen Reihen 73 und 160. *Sammlung Bundesarchiv*

56 745 (RBD Stettin) und 38 2775 (Bw Graudenz) 1941 in Smolensk Hauptbahnhof.
Sammlung Bundesarchiv

38 3586 (Bw Ffm-3) bei Gomel.
Sammlung Bundesarchiv

2B-Lokomotive K 4-153 in Gomel, 15. 7. 1943. *Sammlung Wenzel*

Diesen kkStB-Personenwagen haben offenbar nach 1918 die Polnischen Staatsbahnen übernommen und von diesen ging er 1939 in den Bestand der (sowjetischen) Bahndirektion Lwow (Lemberg) über, wie das zyrillische Lw ober der Nummer 911 erkennen läßt. Die Aufnahme entstand 1941 in Jawkino.
Foto Augel / Sammlung Wenzel

57 2244 vom Bw Luga. *Sammlung Bundesarchiv*

55 6118 kam von der Ostbahn zur DR-Ost, Bw Borissow (Borisow, 70 km nordöstlich von Minsk; 1943). *Sammlung Wenzel*

38 3680 (RBD Stuttgart) mit Teil-Frostschutz vom Bw Luga im Schutz einer Batterie.
Sammlung Bundesarchiv

38 2696 (RBD Stettin) vom Bw Luga, 1942. *Sammlung Bundesarchiv*

38 3397 (Heimat-Bw Bebra) im Bahnhof Luga, ihrem neuen Bw, wo schon das Bahnhofrotkreuz wartet (1942). *Sammlung Bundesarchiv*

56 2815 in Witebsk. *Foto Scheffler / Sammlung Wenzel*

55 3129 (RBD Frankfurt/Main) im russischen Winter. *Sammlung Bundesarchiv*

In derart trostlosem Zustand fanden die vorrückenden deutschen Truppen Bahnhöfe vor; man erkennt eine sowjetische 1E -Lokomotive Reihe CO17 und die Gerippe sowjetischer Kastenwagen.

Sammlung Bundesarchiv

50 217 im Bereich ihres neuen Bw Kutno, 1941. *Sammlung Bundesarchiv*

57 1453 kam von der RBD Wien zum Bw Orscha Hauptbahnhof. *Sammlung Bundesarchiv*

56 2045 mit Frostschutz am Flugplatz bei Orscha. Der Waggon trägt das Zeichen P für Pulver.
Foto Schultz / Sammlung Wenzel

DR-Ost-Lokomotive 57 2191 mit Frostschutz-Verkleidung und Zusatztender. *Sammlung Verlag Slezak*

57 1504 (RBD Wien) hilft im Sommer 1941 in Nordrußland bei der Partisanenbekämpfung, beiderseits der Bahntrasse abgeholzte Schutzstreifen zur besseren Überwachung. Am 25. 7. 1941 erwähnte der Wehrmachtsbericht erstmals Partisanen, nachdem Stalin bald nach dem deutschen Einfall die Bevölkerung im Radio zur Beschädigung der Bahnanlagen im besetzten Gebiet aufgefordert hatte. Erst Mitte 1942 wuchs die Partisanentätigkeit bedrohlich an. *Sammlung Bundesarchiv*

56 791 (preußische G8.1 Umbau) in Südrußland. *Sammlung Bundesarchiv*

55 1814 (RBD Münster) dient nun beim Bw Rossosch, 160 km südlich von Woronesh, 1942.
Sammlung Bundesarchiv

Bahnhofsgebäude Winniza in der Ukraine, Eingangshalle. *Foto J. Slezak (19. 8. 1942)*

Bahnhof Winniza, Bahnsteighalle. *Sammlung Hohagen / Wenzel*

58 1859 (RBD Oppeln) dient 1942 bei der RVD Dnjepropetrowsk.
Sammlung Bundesarchiv

56 2625 (RBD Breslau) ist nun im Bw Snamenka südwestlich von Krementschug. *Sammlung Bundesarchiv*

Güterzuglokomotive 55 4896 (RBD Oppeln) dient nun im Bw Losowaja bei Charkow. Davor ein Kriegsverwaltungsrat mit Motorrad-Meldefahrer. *Sammlung Bundesarchiv*

5-Tonnen-Schienen-Lkw von Büssing-NAG, Braunschweig, mit der Aufschrift *Deutsche Wehrmacht Feldeisenbahnkommando 3* westlich Miropol in der Ukraine.
Foto J. Slezak (25. 9. 1943)

52 2335 vom Bw Kasatin West bei Kasatin südwestlich von Kiew.
Foto J. Slezak (22. 9. 1943)

Einheimische Fahrgäste im Bahnhof Charkow. *Sammlung Bundesarchiv*

Aufenthalt auf dem Transport: 57 1661 (vom Bw Shitomir) und 52 6120 (?). *Sammlung Hohagen / Wenzel*

Hauptbahnhof Charkow mit 56 209 (RBD Schwerin). Als die Deutschen im Februar 1943 die Stadt räumten, sprengten sie die Bahnanlagen. *Sammlung Bundesarchiv*

Die südliche Eisenbahnbrücke über den Dnjepr, die Kiew mit dem linksufrigen Industrievorort Darniza verbindet. *Oben:* Ansicht vom (linken) Wiesenufer aus. Vorn rechts behelfsmäßige Brückenpfeiler. *Unten:* Blick vom rechten (westlichen) Bergufer mit dem Widubetzky-Kloster auf die Auen und Wiesen jenseits. *Fotos J. Slezak (September 1943)*

52 495 (gebaut im August 1943 von Borsig) mit einem Transport. *Sammlung Hohagen / Wenzel*

Das Lokomotivspeisewasser dient auch zur Erfrischung der Soldaten.
Sammlung Bundesarchiv

CCCP-Schmalspurlokomotive bei Dolinskaja südwestlich von Krementschug, 1942. *Sammlung Wenzel*

Eine so spezielle Einrichtung zur Fliegerabwehr wie die Sonderzüge von Hitler und Mussolini hatten die gewöhnlichen Wehrmachtstransporte nicht immer, aber die Soldaten wußten sich zu helfen, sei es auf dem Vormarsch (*links, Foto L. Wegenstein*) oder auf dem Rückzug (*unten, Sammlung Hohagen*).

Deutscher Rückzug aus Kiew

Rechts: Evakuierte Bevölkerung auf dem Hauptbahnhof Kiew im September 1943. Viele dieser Flüchtlinge dürften aber nicht mehr der Kriegsfurie entronnen sein. Die Ukraine, der die hin- und hergehenden Fronten besonders viel Elend brachten, verlor im Zweiten Weltkrieg ein Viertel der Bevölkerung. *Sammlung Slezak*

Unten: Im Bahnhof Kiew-Ost wird die Feste Nachrichtenaufklärungsstelle 11 zum Transport nach Ostpreußen verladen. *Foto J. Slezak (20. 9. 1943)*

Feldbahn bei Opotschiwalowo mit Aufschriften typischen 'Landserhumors'. *Sammlung Bundesarchiv*

Bahnhof
Zoo

Unter den Linden

Die markante Heeresfeldbahn-Lokomotive des Zweiten Weltkriegs (Spurweite 750 mm, drei Kuppelachsen, Halbtender), der Walter Ess im Jahre 1976 ein spezielles Buch *Heeresfeldbahn-Lokomotive Henschel 25983* gewidmet hat. *Sammlung Bundesarchiv*

Die deutsche Heeresfeldbahn-Lokomotive des Ersten Weltkriegs leistete auch im Zweiten noch Militärdienst.
Sammlung Bundesarchiv

Gepanzerte Lokomotive.
Sammlung Bundesarchiv

Panzerzug im Vorort Rembertow im Osten von Warschau, Mai 1943 (elektrifizierte Strecke).
Sammlung van Kampen, Witten/Ruhr

Sowjetische Panzerlokomotiven in Mittelrußland. *Sammlung Bundesarchiv*

Die maximale Kombination von Eisenbahn und Krie stellen Eisenbahngeschütze dar, die – wie Militärsach verständige heute übereinstimmend erklären – im Zwei ten Weltkrieg das letzte Mal in den Kampf eingegriffe haben. Heute hat die Waffentechnik mit Raketen scho 'Besseres' zu bieten.

Oben: Eisenbahngeschütz als Motiv einer 'Wohltätig keitsausgabe' (!) von 1944.

Links: Während noch 1939 der *Illustrierte Beobachte* in seiner Folge 25, Seite 972, behauptete, daß *Eisen bahngeschütze bei der Verteidigung der deutschen Gren zen besonders wichtig sind,* lehrte der Kriegsverlauf daß sie für den Angriff (gegen Festungswerke) vorge sehen waren. Das Bild zeigt eine feuernde 24-cm-Ka none *Theodor Bruno* der Deutschen Wehrmacht, di ob ihrer Größe nicht mehr geschwenkt, also nur i Gleisrichtung abgefeuert werden konnte, sodaß mi unter eine spezielle Drehscheibe erforderlich war.
Foto Pilz / Sammlung Verlag Sleza

Unten: Ein wahres Monstrum war das deutsche Eisen bahngeschütz *Dora* mit einer 80-cm-Kanone, der größte der Welt! Bereits 1936 begannen die Krupp-Werk den Bau dieses Geschützes, das eine Schußweite bi 45 km haben und die Maginotlinie bezwingen sollte Es bestand aus zwei 20achsigen Gelenkwagen, die au Parallelgleisen aufgestellt wurden, war also zweigleisig 1350 Tonnen schwer, fast 43 Meter lang, 11,6 Mete hoch und 7 Meter breit. Als es 1942 fertig wurde, wa Frankreich längst besiegt und es rollte – auf dre Transportzüge verteilt – nach Sewastopol, wo es alle dings einen einzigen Einsatz (48 Schuß auf 7 Ziel in 5 Tagen) erlebte. Die Vorbereitung der Feuerstellun beschäftigte 2500 Arbeitskräfte sechs Wochen lang das Geschütz selbst benötigte 500 Mann zu seiner Be dienung, insgesamt waren einschließlich der Schutz und Wachabteilungen mit dieser Waffe 3870 Männe beschäftigt. *Foto Die Wehrmacht, 9. 9. 194*

Sowjetische Panzerlokomotive in Lemberg-Ost, 1941. *Sammlung W. K. Tauer*

Die abgestürzte 57 1853. *Sammlung Wenzel / Eisenbahn-Kurier*

Auf ihrem Rückzug perfektionierte die Deutsche Wehrmacht die Zerstörung des Oberbaus: der Schienenwolf leistete an den Fronten sein Zerstörungswerk. Das obere Bild (in Italien) zeigt das Entfernen einiger Schwellen zum Einsetzen der Pflugschar des Schienenwolfs, das untere (mit Lokomotive 57 2207, wie Seite 165) den Beginn der Aufreißarbeit. Rechts oben ist der Schienenwolf in voller Tätigkeit auf einer russischen Bahnstrecke bei Orscha (57 2207, Bw Orscha-Ost), östlich von Minsk, zu sehen. Das Bild rechts unten zeigt den zerstörten Oberbau nach Abtransport der Schienen (bei Orscha um 1944).

Sammlung Bundesarchiv

Ein Schwellenreißer im Bahnhof Žasliai zwischen Kaunas und Vilnius in Litauen. Er wurde von Eisenbahnpionieren bedient.
Foto Dipl.-Ing. K. Wenzelburger (10. 7. 1944)

Unten: Im Museum auf der Festung Kalimegdan (Belgrad) blieb die Schmalspur-Variante eines Schienenwolfs der Nachwelt erhalten. *Foto J. Slezak (15. 7. 1966)*

Schwerbeschädigte Lokomotive der Reihe 56 2 . . (preußische G8.1 Umbau) des Bw Bhitomir.
Sammlung Dr. Haupt

Bei Kurowice (Strecke Lemberg – Podhajce) fanden die deutschen Soldaten nach dem Einmarsch die beschädigt neben dem Gleis liegende ehemalige PKP-Lokomotive Ti12-136 (ursprünglich kkStB 60.277, auf dem Foto mit russischen Aufschriften) vor, daneben noch die Tr11-29 (ehemals kkStB 170.113) und die Tr12-88 (polnischer 270er-Nachbau).
Sammlung H. Sternhart

Die 1908 gebaute kkStB-Lokomotive 60.513, die 1918 an Polen fiel und die PKP-Nummer Ti12-152 erhielt. Mit der Teilung Polens im Jahre 1939 ging sie an die sowjetischen Eisenbahnen über, die die polnische Bezeichnung in zyrillischen Buchstaben und in russischer Form anschrieben. 1941, nach dem deutschen Einmarsch in die Sowjetunion, erhielt sie die auf dem Foto erkennbare Eigentumsbezeichnung *Deutsche Reichsbahn Ru* und schließlich die DRB-Nummer 54 044. *Sammlung Verlag Slezak*

Die polnische Lokomotive Tr12-141 (ein Nachbau der österreichischen 270er durch die Lokomotivfabrik Warschau von 1927) mit Anschriften der sowjetischen Direktion Lemberg (Lwow) am 3. Juli 1941 in Dawidow (etwa 19 km südöstlich von Lemberg auf der Strecke nach Stanislau). Auf dem Führerstand links der Wiener Eisenbahnhistoriker Hans Sternhart. Die Reichsbahn gab dieser Lokomotive die Nummer 56 3541 und stationierte sie 1943/45 zuerst in Wittmannsdorf (Niederösterreich) und dann in Wien Süd. Am 14. April 1945 ging sie mit insgesamt 50 Lokomotiven auf Befehl der Roten Armee nach Ungarn.

Sammlung H. Sternhart

Die Abfahrt der von der HBD Süd (Kiew) zur neu errichteten HBD Süd-Ost nach Rostow abgeordneten Eisenbahner vom Hauptbahnhof Kiew mit Sonderzug. Seine markante Form erhielt der seit 1870 bestehende Bahnhof durch den Architekten A. Werbizki (1932). Die Bahn führt in der Blickrichtung nach Osten über die Dnjepr-Südbrücke nach Neshin und Konotop. Vorne OR (Reichsbahnoberrat) Ernst Wintgen, Betriebsleiter bei der HBD Süd, der zum Leiter der HBD Süd-Ost bestimmt war.

Foto Dipl.-Ing. K. Wenzelburger (3. 9. 1942)

Rücktransport von Schreibkräften der Deutschen Reichsbahn aus dem durch den Vorstoß der Russen bereits bedrohten Kiew in die Heimat. Ein Dienstwagen der RVD Kiew im Bahnhof Jaropowitschi auf der Strecke Fastow–Shitomir.

Foto Dipl.-Ing. K. Wenzelburger (7. 9. 1943)

Der Dienstwagen in Kowel auf dem Stumpfgleis, wo die Dienstwagen meistens abgestellt wurden. Rechts dahinter die Vorheizlokomotive (österreichische 429). Im Hintergrund das Bahnhofgebäude. Blick nach Westen.
Foto Dipl.-Ing. K. Wenzelburger (9. 9. 1943)

Eine Rangierabteilung fuhr einem aus Kalinowka (Strecke Kasatin – Winniza) kommenden und im Bahnhof Andrusowo-West einfahrenden Lokomotivzug in die Flanke. Die Lokomotive der Rangierabteilung und fast der ganze Lokomotivzug entgleisten. Hier seine entgleiste Spitzenlokomotive.
Foto Dipl.-Ing. K. Wenzelburger (3. 3. 1943)

Zwei Minenschutzwagen vor der Lokomotive 52 3178, aufgenommen am 25. 9. 1943 in der Ukraine.
Foto J. Slezak

Ein von Brest nach Kowel fahrender Zug löste in den Morgenstunden des 18. 12. 1943 eine von Partisanen gelegte Mine aus und entgleiste bei Kamienka. Blick aus einem vorbeifahrenden Zug in Richtung Brest auf die entgleiste Lokomotive (56 483?) und auf die beiden entgleisten Schutzwagen vor ihr.
Foto Dipl.-Ing. K. Wenzelburger (18. 12. 1943)

In den Mittagsstunden des 25. 11. 1943 wurde vor dem Bahnhofgebäude Schepetowka ein vom Güterschuppen kommendes und zur Stadt fahrendes Lastauto von einer geschobenen Rangierabteilung erfaßt und überfahren. Es gab vier Tote, drei Einheimische und einen Soldaten, der, um den Fußweg zu sparen, mitfahren wollte und eben erst zugestiegen war. Das Bahnhofgebäude wäre im Rücken des Beschauers.

Foto Dipl.-Ing. K. Wenzelburger (25. 11. 1943)

Am 21. 5. 1943 gegen 5 Uhr früh überfuhr ein von Kasatin kommender Güterzug das Haltsignal des Hauptbahnhofs Fastow. Der Weichensteller auf dem Stellwerk, der gerade die Fahrstraße für diesen Zug stellte, zog die Weiche unter dem dritten Wagen des fahrenden Zuges weg und es gab eine Gabelfahrt. Vier Wagen des Zuges wurden übereinander geschoben und zertrümmert. 15 Stück Jungvieh wurden erschlagen. Im Zuge lief als erster Wagen hinter der Lokomotive, im Bild rechts oben, der Dienstwagen 2 der RVD Kiew, mit dem der Verfertiger des Fotos damals von einer Dienstreise nach Kiew zurückfuhr. Blick nach Norden in den Bahnhof Fastow. Das Pl auf dem Hochbordwagen kennzeichnet ihn als ehemals polnisch.

Foto Dipl.-Ing. K. Wenzelburger (21. 5. 1943)

Gleis über den zugefrorenen Dnjepr bei Kiew

Am Dnjepr fanden die deutschen Truppen sämtliche Eisenbahnbrücken gesprengt vor. Die beiden Kiewer Brücken erforderten rasche Improvisation. Bei der Nordbrücke wurde eine Seilbahn, bei der Südbrücke ein ungewöhnliches Provisorium errichtet.

Im Winter 1941/42 bestand noch ein Breitspurgleis Lemberg—Tarnopol—Schepetowka—Fastow—Kiew, auf dem zahlreiche Beutelokomotiven und -waggons standen, welche zur Versorgung der Front östlich des Dnjepr dringend gebraucht wurden. Beute-Rollmaterial war knapp; eben darauf sind die umfangreichen Streckenumnagelungen zurückzuführen. Da die Herstellung eines Behelfsgleises auf der gesprengten Südbrücke über den Dnjepr bei Kiew frühestens im März zu erwarten war, begannen Eisenbahnpioniere mit einheimischen Hilfskräften in der letzten Jännerwoche, nach den Plänen des Oberbaudezernenten der RVD Kiew, OR Dr.Ing. Hermann Meier (nach 1945 Professor der TH München), auf einem Eisdamm über den zugefrorenen Fluß ein Gleis zu legen. Die Eisblöcke wurden auf kleinen Handschlitten zur Baustelle gebracht, dort in möglichst geschlossener Schichte ausgelegt und danach mit Dnjeprwasser, das durch in die Eisdecke geschlagene Löcher fast bis zum oberen Rand der Eisblockschichte emporstieg, untereinander und mit der Eisdecke des Flusses zu einer kompakten Masse festgefroren. Auf eine in ähnlicher Weise darübergelegte und zusammengefrorene zweite Schichte Blöcke wurde dann der Oberbau verlegt. Da die Eisdecke des Dnjepr damals rund 50 cm dick war, erreichte der Eisdamm eine Stärke von etwa 1,50 m. Im Winter 1942/43 wäre ein solcher Kunstgriff nicht möglich gewesen; damals fror der Dnjepr bei Kiew überhaupt nicht zu.

Anfang Feber 1942 wurde der Betrieb über diese Eisstrecke aufgenommen, die auch über die Dnjeprinsel führte. Die steilen Rampenverbindungen zwischen Eisdamm und Insel, die zum Zeitgewinn in Kauf genommen wurden, bildeten die gefährlichste Stelle, weil hier das Eis schon vor Beginn des Tauwetters zerbröckelte und der Schienenstrang wie eine Hängebrücke die ganze Last zu tragen hatte. Eingezogene Schienen und Balken verteilten die Last weitgehend und glichen kleine Belastungsunterschiede zwischen den beiden Schienensträngen wenigstens soweit aus, daß es nicht zum Kippen kam.

Nachdem das erwähnte Beuterollmaterial über den Dnjepr befördert worden war, nagelte man das Breitspurgleis Lemberg—Kiew—Eisdamm auf Normalspur um. Als das Eis am 15.3.1942 bereits zu brechen drohte, wurde der Betrieb eingestellt, sodann der Oberbau abgetragen und der Eisdamm gesprengt, damit es im Fluß zu keinem Eisstau kommt. Am folgenden Tag (16.3.1942) konnte der Bahnverkehr bereits über ein behelfmäßig instandgesetztes Gleis der Südbrücke rollen.

Abladen der Eisblöcke von den kleinen Handschlitten, mit denen sie von der Gewinnungsstelle zum Bau gebracht wurden, und Auslegen der Blöcke zu einer möglichst geschlossenen Schichte. Blick nach Norden, stromaufwärts, auf die gesprengte Südbrücke. *Foto Dipl.-Ing. K. Wenzelburger (25. 1. 1942)*

Die Gewinnungsstelle für die Eisblöcke, Blick nach Südwesten auf das Kiewer Ufer.
Foto Dipl.-Ing. K. Wenzelburger (25. 1. 1942)

Aufbringen der zweiten Schichte von Eisblöcken und Verlegen des Oberbaus. Blick nach Nordwesten auf das Bergufer.
Foto Dipl.-Ing. K. Wenzelburger (25. 1. 1942)

Der vorletzte Zug mit der Lokomotive 91 795 überquert den Eisdamm. Blick nach Osten auf die Insel.
Foto Dipl.-Ing. K. Wenzelburger (15. 3. 1942)

Die schlechteste und gefährlichste Stelle des Eisdammes knapp vor der Betriebseinstellung. Blick nach Nordosten auf die Dnjeprinsel, die hier den Eisdamm in zwei Teile teilte, mit der steilen Auffahrtsrampe.
Foto Dipl.-Ing. K. Wenzelburger (15. 3. 1942)

Der letzte Zug, der den Eisdamm befuhr. Blick von der Insel nach Westen. Der Zug befährt gerade die kritische Westrampe. *Foto Dipl.-Ing. K. Wenzelburger (15. 3. 1942)*

Blick von der großen Straßenüberführung zwischen dem Abstellbahnhof Kiew, wo sich auch das Betriebs-Wagenwerk befand, und dem Hauptpersonenbahnhof nach Osten Richtung Darniza. Im Hintergrund hinter der Rauchwolke das Gebäude des Hauptbahnhofs Kiew. Links das ausgebrannte Postamt. *Sammlung Wenzelburger (13. 11. 1942)*

Das Bahnhofgebäude in Kiwerzy (Strecke Kowel—Sdolbunow). Blick nach Westen Richtung Kowel. Rechts im Hintergrund der Wasserturm.
Foto Lichtbildstelle der RVD Kiew / Sammlung Wenzelburger (Ende Juli 1943)

Kowel. Blick vom neuen Wasserturm nach Osten auf das Betriebs-Wagenwerk. Davor und dahinter die weitläufigen Anlagen des Güterbahnhofs. *Foto Dipl.-Ing. K. Wenzelburger (9. 9. 1943)*

Im Bahnhof Kiwerce (Kiwerzy): soeben fertiggestellter Neubau eines dreigleisigen, sechsständigen Rechtecklokschuppens durch Fa. Jung. Rechts die Bekohlung. Blick nach Südosten. Nach links geht es durch den Personenbahnhof nach Sdolbunow, rechts nach Kowel und Luzk. *Sammlung Wenzelburger (17. 4. 1943)*

Blick von der großen Straßenbrücke, die über den Güterbahnhof Kowel führte, nach Westen. Im Vordergrund die vier Gleise der Einfahrgruppe für den neuen Rangierbahnhof Richtung 'Heimat'. Das erste Gleis ist noch in Arbeit. Rechts, im Hintergrund, am Westende dieser Einfahrgruppe liegt der Ablaufberg. Im Hintergrund eine Umspanngruppe für die Richtung 'Front' und die Richtungsgruppe für den alten Rangierbahnhof Richtung 'Front'. Dahinter die Bekohlung. Rechts liegen Mengen von Kästen polnischer Güterwagen, welche die Russen auf Breitspur umbauen wollten. *Foto Dipl.-Ing. K. Wenzelburger (25. 9. 1942)*

Der Kreuzungsbahnhof Hrywiatki in km 176 der Strecke Sarny–Kowel. Blick nach Westen in Richtung Kowel. Aussichtsturm des militärischen Stützpunkts und Palisaden zum Schutz gegen Bandenüberfälle.
Foto Lichtbildstelle der RVD Kiew (Fuhseder, 25. 10. 1943) / Sammlung Wenzelburger

In km 149.8 der Strecke Kowel–Sarny, zwischen den Bahnhöfen Trojanowka und Knije. Reste von Partisanenanschlägen. Blick nach Westen.
Foto Lichtbildstelle der RVD Kiew (Fuhseder, 25. 10. 1943) / Sammlung Wenzelburger

Die Slutschbrücke zwischen den Bahnhöfen Sarny und Strachow auf der Strecke nach Kiew. Blick nach Westen gegen Sarny. Rechts die Trümmer der alten Brücke. Links die nördliche Ersatzbrücke.
Foto Dipl.-Ing. K. Wenzelburger (8. 10. 1943)

Innerhalb der Befestigungsanlagen und Palisaden des Bahnhofs Polska-Gora, km 126.2 der Strecke Kowel–Sarny. Blick nach Westen gegen Kowel.
Foto Lichtbildstelle der RVD Kiew (27. 10. 1943) / Sammlung Wenzelburger

Lokschuppenbau im Bahnhof Sarny. Von dem Rundlokschuppen standen 1942 am rechten Ende noch fünf Stände, die nur instandgesetzt werden mußten. Im Sommer 1942 wurden von der OT im Anschluß an diese fünf Stände, nach links hin, weitere fünf und am linken, gegenüberliegenden Ende 10 Stände und ein größerer Werkstattanbau errichtet. Die zwischen den beiden Teilen noch verbliebene Lücke wurde von der OT im Sommer 1943 durch weitere 7 Stände gefüllt. Im Bild die im Sommer 1942 am linken Ende erbauten 10 Lokstände (von der Rückseite gesehen) und der Werkstättenanbau. Das Bahnhofgebäude stand rechts, im Bilde nicht sichtbar. *Foto Dipl.-Ing. K. Wenzelburger (14. 11. 1942)*

Die Wassertürme im Bahnhof Sarny. Blick nach Südosten. Links Rundlokschuppen mit den stehengebliebenen fünf Ständen und nach rechts hin anschließend die fünf im Sommer 1942 am rechten Ende errichteten Stände. Davor die Reste des gesprengten russischen Wasserturmes. Rechts davon der anläßlich der Inbetriebnahme der Strecke Sarny–Korosten–Kiew im Sommer 1942 errichtete behelfsmäßige hölzerne Wasserturm. Um die von der Wehrmacht auf dieser Strecke geforderten hohen Betriebsleistungen erreichen zu können, errichtete die OT im Frühjahr 1943 einen 20 m hohen und 75 m^3 fassenden Bonwetsch-Stahlturm (Bildmitte) und einen 150 m^3 fassenden massiven Turm (rechts, im Bau). *Foto Dipl.-Ing. K. Wenzelburger (15. 4. 1943)*

Im Bahnhof Radsiwillow auf der Strecke Brody – Dubno. Blick nach Norden auf das Betriebswerk. Besprechungen mit der OT zwecks Werkstattanbaus am Lokschuppen, in der Ecke, die das Bild zeigt. Nach dem Ausbau des Betriebswerks Brody durch die OBD (Ostbahndirektion) Lemberg baute man das Betriebswerk Radsiwillow nach der Räumung der Eisenbahnausbesserungswerke (EAW) Konotop, Darniza und Kiew zum EAW. Es kam allerdings infolge der militärischen Ereignisse nie mehr in Betrieb. Im Hintergrund rechts der Wasserturm. Links einige auf Normalspur umgespurte russische Güterwagen mit dem Eigentumszeichen DR Ru (= Rußland) und dem Dreiecks-Zeichen, das Profilüberschreitung anzeigte.
Foto Dipl.-Ing. K. Wenzelburger (15. 10. 1943)

Ein Lokomotivzug im Bahnhof Sdolbunow II. Blick nach Osten in der Richtung nach Schepetowka. Vorne links der Posten 11.
Foto Dipl.-Ing. K. Wenzelburger (12. 1. 1943)

Im Bahnhof Sdolbunow, Bau einer 100 m langen Untersuchungsgrube für Lokomotivzüge durch die Fa. Jung im neu gebauten Lokaufstellbahnhof, nördlich vom Güterbahnhof, hinter dem Betriebswagenwerk. Blick nach Osten auf den neu gebauten Wasserturm. Daneben die Stütze einer langen Seilbahn, die die OT im Sommer 1942 für die Zementfabrik Sdolbunow baute. Links die Lokomotive 58 2465.
Foto Dipl.-Ing. K. Wenzelburger (19. 9. 1943)

Sdolbunow gegen Nordost. Der Wasserturm ist nicht mehr im Bild. Links eine ehemals österreichische 73er mit PKP-Nummer.
Foto Dipl.-Ing. K. Wenzelburger (20. 11. 1943)

Im Bahnhof Kasatin West in dem berüchtigten kalten Winter 1941/42. Blick nach Südosten auf das Betriebswerk. *Foto Dipl.-Ing. K. Wenzelburger (20. 1. 1942)*

Dieselbe winterliche Heizhaus-Atmosphäre, Blick nach Osten. *Foto Dipl.-Ing. K. Wenzelburger (20. 1. 1942)*

Blick vom Wasserturm nach Norden auf den Bahnhof Kasatin I. Rechts im Hintergrund der Güterbahnhof, links der Fußgängersteg an der Nordspitze des Gleisdreiecks, welches der Bahnhof bildete. Auf dem Fußgängersteg sieht man die behelfsmäßige Bude für den Fahrdienstleiter (Posten 6). Später wurde etwas nordöstlich davon ein Fahrdienstleiterstellwerk (Stellwerk 6) gebaut.

Foto Dipl.-Ing. K. Wenzelburger (18. 4. 1942)

Kasatin I gegen Südwesten. Links geht es nach Winniza–Shmerinka. In der Mitte Stellwerk 4, bei dem eine schienengleiche Wegübersetzung über den ganzen Bahnhof führte. Links im Hintergrund hinter der rechten Zuggruppe das Bahnhofsgebäude. Dahinter, nach rechts hin, zweigt die Strecke nach Schepetowka ab. Im Vordergrund der Bau einer Baracke für das Bahnhofspersonal.

Foto Dipl.-Ing. K. Wenzelburger (18. 4. 1942)

Im Bahnhof Kasatin I (später Hauptbahnhof). Blick ungefähr von dem Standort des späteren neuen Fahrdienstleiterstellwerks (Stellwerk 6) nach Norden. Links Güterhallen im Güterbahnhof, durch den die Streckengleise nach Kiew führen. Rechts im Hintergrund das Betriebswerk. Links davon hinter dem Signal Stellwerk 7.
Foto Dipl.-Ing. K. Wenzelburger (19. 1. 1942)

Verlängerung der Stände des Ringlokschuppens II in Kasatin Hauptbahnhof. Als im Herbst 1942 die Reihe 52 herauskam, erwiesen sich viele Lokstände als zu kurz, so auch bei den Schuppen I und II in Kasatin. Im Zuge des Sommerprogramms 1943 wurden die Stände, soweit es die Raumverhältnisse zuließen, von der OT durch Versetzen der Rückwand des Schuppens verlängert. Blick nach Norden. Links die alte und rechts die neue Rückwand.
Foto Dipl.-Ing. K. Wenzelburger (28. 8. 1943)

Die Brücke über den Slutsch zwischen den Bahnhöfen Starakonstantinow Ost und Starakonstantinow West von Süden, flußabwärts. Rechts das östliche Widerlager und der östliche Pfeiler. Ganz links Kante des westlichen Widerlagers. Rechts davon Schwellenstapel, der den gesprengten westlichen Pfeiler behelfsmäßig ersetzte. 1943 wurde die Brücke dauerhaft instandgesetzt. *Foto Dipl.-Ing. K. Wenzelburger (11. 9. 1942)*

Im Bahnhof Christinowka, südöstlich von Kasatin, Trümmer von ausgebrannten russischen Munitionszügen, die von deutschen Stuka getroffen wurden und eine unbeschreibliche Verwüstung hervorriefen. Die Aufräumungsarbeiten wurden vom Bauamt der DR in Winniza mit eigenen Kräften durchgeführt, weil keine Eisenbahnpionierabteilung zur Verfügung stand. Eine Unzahl nicht explodierter Granaten aller Kaliber erschwerte und gefährdete die Arbeit. *Foto Dipl.-Ing. K. Wenzelburger (16. 5. 1942)*

Das Betriebswerk im Bahnhof Starakonstantinow Ost, dem Knotenpunkt nordwestlich von Winniza, vor der Vergrößerung des Lokschuppens. Blick von Osten. *Foto Dipl.-Ing. K. Wenzelburger (11. 9. 1942)*

Die fertige Vergrößerung des Lokschuppens um drei Lokstände. Blick von Südosten. *Foto Dipl.-Ing. K. Wenzelburger (1. 5. 1943)*

Die Brücke über den Slutsch zwischen den Bahnhöfen Starakonstantinow West und Krasilow auf der Strecke nach Süden wurde im Sommer 1942 gehoben, unterfangen und behelfsmäßig fahrbar gemacht. 1943 wurde sie vom Brückenbauzug Modlin der Fa. Hrutzky dauerhaft hergestellt.
Foto Dipl.-Ing. K. Wenzelburger (27. 11. 1942)

Die Rampe im Bahnhof Kalinowka Ost (Strecke Kasatin–Winniza) für die Umladung von der Hauptlinie auf die Schmalspurbahn, die nach Südosten führt. Unten das Normal-, oben das Schmalspurgleis. Aufschrift auf den Schmalspur-Güterwagen: ВНЦ = Wnz = Winniza. *Foto Dipl.-Ing. Wenzelburger (16. 5. 1942)*

Im Gebiet des mittleren Bug besteht ein ausgedehntes Netz schmalspuriger Strecken (750 mm Spurweite), die bei Winniza und bei Kalinowka Anschluß an die Strecke Shmerinka – Kasatin haben. Während das Bild auf Seite 188 die Umladestelle Kalinowka zeigt, sind die drei Bilder auf dieser Seite in dem für den Personenverkehr bedeutenderen Schmalspurbahnhof Winniza aufgenommen worden.

Vierkuppler K13, mit Flachschiebern, 1917 in Kolomna gebaut, dreiachsiger Tender. *Foto J. Slezak (22. 8. 1942)*

Vierkuppler Ш 157-14, mit Kolbenschiebern, 1938 in Sormowo (bei Gorki) gebaut, 26 t Dienstgewicht, Höchstgeschwindigkeit 40 km/h, Raddurchmesser 800 mm, dreiachsiger Tender (8,3 t).
Foto J. Slezak (19. 8. 1942)

Die Ladegleise im Schmalspur-Bahnhof von Winniza: der gedeckte Wagen 10 594 hat nicht die Initialen der Direktion Winniza, wie der Wagen auf Seite 188, sondern die der Direktion der Südwestbahn, Ladegewicht 10 t. Links dahinter ein Hochbordwagen.
Foto J. Slezak (19. 8. 1942)

Die Bugbrücke bei Gniwan auf der Strecke Winniza—Shmerinka. Die getrennten Brücken für beide Gleise, Gitterträgerbrücken mit je drei Öffnungen, waren von den Russen gesprengt worden. Im Herbst 1941 wurde zunächst die östliche Brücke von ungarischen Pionieren durch Heben und Unterfangen von brauchbaren Teilen, Aufstellen von mehreren Jochen und Überlegen von Trägern behelfsmäßig wieder befahrbar gemacht. Die Brücke hieß deswegen auch 'Horthybrücke'. Im Winter 1942/43 wurde die westliche und anschließend die östliche Brücke vom Brückenbauzug der Fa. Luigg permanent wiederhergestellt. Auf der östlichen Brücke wurde im Juni 1943 der Betrieb aufgenommen. Diese Bugbrücke bildete die Grenze zwischen dem deutschen Reichskommissariat Ukraine und dem rumänisch besetzten Transnistrien. Im Bild die östliche Behelfsbrücke, im Hintergrund die gesprengte westliche Brücke. Blick vom südlichen Widerlager nach Norden gegen Winniza. Der Bug fließt nach rechts. *Foto Dipl.-Ing. K. Wenzelburger (30. 3. 1942)*

Die beiden Wassertürme im Bahnhof Shmerinka von Südosten. Bei der Einfahrt zum Betriebswerk Shmerinka, schräg gegenüber vom Bahnhofsgebäude, wurden im Winter 1941/42 zwei behelfsmäßige hölzerne Wassertürme errichtet. Zunächst der südliche durch den Eisenbahn-Pionier-Baustab Süd und bald darauf der nördliche durch die OT. Der südliche Turm, ohne richtigen Windverband gebaut, wurde im Juni 1942 vom Wind stark verdreht und drohte einzustürzen. Er wurde in seinem oberen Teile abgetragen und im Frühjahr 1943 von der OT wieder instandgesetzt. Vorn ein Bahnpolizist, bzw. CFR-Lokomotive 50.803.
Fotos Dipl.-Ing. K. Wenzelburger (4. 6. 1942 und März 1943)

'Grenzbahnhof' Shmerinka

Im Bahnhof Shmerinka treffen sich die Linien von Kiew – Kasatin – Winniza, von Lemberg – Tarnopol und von Odessa her. Der Bahnhof bildete, ähnlich wie in Kasatin, ein Dreieck. Im Inneren des Dreiecks waren an allen drei Schenkeln lange Laderampen. An die Südspitze dieses Dreiecks schloß sich der Personenbahnhof. Das Bahnhofsgebäude stand auf einer Insel zwischen den Gleisen. An die Nordspitze des Dreiecks schloß der lange Güterbahnhof. An der Westspitze des Dreiecks, südlich der Lemberger Strecke, zweigte eine Nebenbahn nach Mogilew ab, die von den Rumänen instandgesetzt und betrieben wurde. Im Frühjahr 1942 übernahmen die rumänischen Staatsbahnen (CFR) auf der Strecke Shmerinka (ausschließlich) – Odessa die Betriebsführung. Nach siegreicher Beendigung des Krieges sollte auch im größeren Teil des Bahnhofs Shmerinka die Betriebsführung an die CFR übergehen. Daher mußte die RVD Kiew ein Projekt für den Umbau des Bahnhofs Shmerinka zum Grenz-, Übergangs- und Zollbahnhof erstellen. Nach eingehenden Verhandlungen zwischen DRB und CFR im Juni 1942 nahmen die Rumänen dieses Projekt ohne Änderung an. Mit dem Umbau wurde sofort begonnen, und zwar im künftig deutschen Teil von der DRB (Bauamt Winniza) mit Gleisbauzügen und verschiedenen Hoch- und Tiefbaufirmen, im künftig rumänischen Teil von der CFR (Bauinspektion Birsula) mit rumänischen Eisenbahnpionieren. Die örtliche Bauführung hatte der deutsche Bahnmeister in Shmerinka praktisch auch im ganzen rumänischen Teil. Der Umbau war im Herbst 1943, knapp vor dem Rückzug aus der Ukraine, fertig. Zu einer Übernahme des Eisenbahnbetriebes durch die Rumänen in Shmerinka kam es daher nicht mehr. Zum bitteren Ende wurde sogar die Betriebsführung auf der Strecke Shmerinka – Odessa wieder von der DRB übernommen. Der Bahnhofsumbau war daher nicht nur völlig umsonst, sondern für die Betriebsführung während des Rückzuges aus der Ukraine sogar äußerst ungünstig, weil die Betriebsverhältnisse dieser Endphase mit den Voraussetzungen des Entwurfs in keiner Weise übereinstimmten.

Der Personenbahnhof von Shmerinka gegen Süden. Hinter dem Güterwagen rechts sieht man ein kleines Stück des Bahnhofgebäudes und links eine ehemals ungarische CFR-Lokomotive.
Foto Dipl.-Ing. K. Wenzelburger (13. 3. 1943)

Die Westspitze des Gleisdreiecks im Bahnhof Shmerinka. Blick von dem neu gebauten Stellwerk nach Westen auf die Ausfahrt nach Gretschany – Lemberg. Vorn die Gleisgruppe, die zur Nordspitze des Gleisdreiecks, in den Güterbahnhof und weiter nach Kiew führte. Die Gleisgruppe wurde, wie alle übrigen Gleisanlagen im Bahnhof Shmerinka, vollkommen umgebaut. Sie war zum Zeitpunkt der Aufnahme bis auf das erste, linke Gleis (ein Rampengleis) fertig. Vorn links die im Zuge des Bahnhofumbaus vollkommen neu gebaute Brücke über den Dresbach. Im Hintergrund links die neue Gleisgruppe entlang der Südwestseite des Gleisdreiecks, die zur Südspitze des Gleisdreiecks, in den Personenbahnhof und weiter nach Odessa führte.
Foto Dipl.-Ing. K. Wenzelburger (1. 10. 1943)

Zugsexplosion bei Kamenka am 15. 9. 1943

Ein von Kasatin nach Fastow fahrender Zug mit Spezialexplosivstoffen für die Sprengkommandos im Donezbecken (Zug 1) kam zwischen den Bahnhöfen Browky und Popelnja vor dem Haltsignal der Blockstelle Kamenka zum Stehen. Die dahinter liegende Blockstelle ließ einen mit Artilleriemunition beladenen Zug (Zug 2) in den durch Zug 1 besetzten Abschnitt ein. Der folgende Zusammenstoß war furchtbar. Zug 1 explodierte auf einen Schlag. Zug 2 brannte unter andauernden schweren Explosionen allmählich aus. Die Lokomotive von Zug 1 blieb trotz allem unbeschädigt und konnte allein wegfahren. Der Packwagen von Zug 1 bestand nur noch aus ein paar verbogenen Eisenstangen. Von dem ganzen übrigen Zug 1 wurde überhaupt nichts mehr gefunden. Über die ganze Länge des Zuges 1 dehnte sich ein 6 bis 8 m tiefer und 30 bis 40 m breiter Explosionstrichter. Die Lokomotive von Zug 2 war vollständig zerrissen. Fahrgestell, Feuerbüchse mit Siederohren, Stücke vom Kessel lagen in einem Umkreis von 40 m verstreut. Eine Pleuelstange dieser Lokomotive samt Kolben und Zylinder wurde schätzungsweise 700 bis 800 m von der Unfallstelle entfernt in einem Feld gefunden. Zug 2 war ein Trümmerhaufen. Unter den 7 Toten befanden sich die Soldaten des Begleitkommandos und der Schlußschaffner von Zug 1 sowie ein einheimischer Rottenführer, der von seinem einstürzenden Bahnwärterhaus erschlagen wurde. Der Unfall ereignete sich gegen 5 Uhr. Wegen der fortwährenden Explosionen von Zug 2 konnte man erst in den Mittagstunden an die Unfallstelle heran und mit dem Bau einer ungefähr 1200 m langen, zweigleisigen Umgehungsbahn anfangen. Mehrere Gleisbauzüge, OT aus Kasatin und alle Bahnunterhaltungsrotten der Bahnmeistereien Kasatin und Fastow arbeiteten Tag und Nacht. Die Umgehungsbahn führte in ihrem südlichen Teil durch einen Waldstreifen, der erst gerodet werden mußte. Für Licht in der Nacht sorgte ein Starkstrombauzug. In den Nachmittagstunden des 16.9. ging das Frontgleis Kasatin – Fastow und am Mittag des 17.9. das Heimatgleis in Betrieb.
Am 6.11.1943 mußten die deutschen Truppen den Bahnknotenpunkt Fastow räumen.

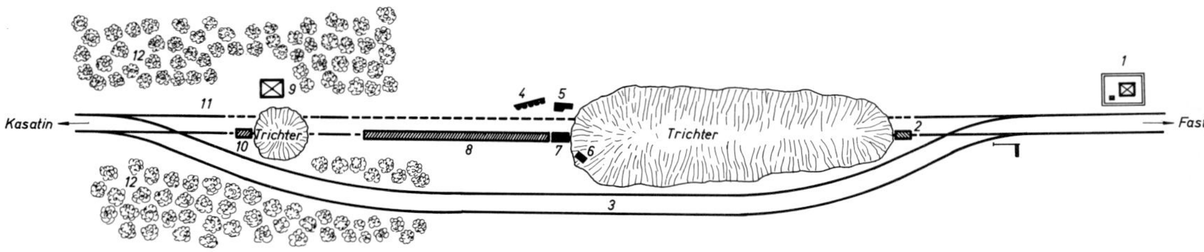

1 Blockstelle Kamenka mit Wachtturm und Wall
2 Trümmer des Packwagen des Zuges 1
3 Zweigleisige Umgehungsbahn
4 Fahrgestell der Lok des Zuges 2
5 Feuerbüchse der Lok des Zuges 2
6 Ein Stück Kesselblech der Lok des Zuges 2
7 Tender des Zuges 2
8 Trümmer des Zuges 2
9 Eingestürztes Bahnwärterhaus
10 Trümmer des letzten Wagen des Zuges 2
11 Wegübersetzung
12 Waldstreifen

Zeichnung von Alfred Laula nach Unterlagen von Dipl.-Ing. Kurt Wenzelburger

Der Befehlszug der RVD Kiew beanspruchte auf dem Güterbahnhof Lemberg fünf Gleise. Blick nach Osten. Links vorne Dienstwagen 2 der RVD Kiew, ein umgebauter Schlafwagen (ISG 2183), diente für Dezernentenbesprechungen. Anschließend Dienstwagen 7, der Wagen des Präsidenten und zweier Abteilungsleiter. Danach kamen die Wagen der Betriebsabteilung und des Betriebsbüros. In dem Zugteil rechts befand sich vorne, nicht mehr im Bild, der Küchenwagen. Die weiteren drei Gleise schlossen sich nach rechts hin an. Auf Gleis 4 und 5 standen zwei Züge für einheimische Arbeitskräfte, die sich beim Rückzug aus Kiew den deutschen Eisenbahnern anschlossen. *Foto Wilcken (4. 3. 1944) / Sammlung Wenzelburger*

Der Befehlszug der RVD Kiew auf den eigens für diesen Zweck im März 1944 im Bahnhof Reichshof-West (Rzeszów) beschleunigt verlegten fünf Gleisen. Die Plätze im Zug, die durch Abkommandierungen frei geworden waren, wurden von den Leuten der RVD Kiew bezogen, die in Lemberg wegen Platzmangels außerhalb des Befehlszuges in Wohnungen der OBD (Ostbahndirektion) Lemberg untergebracht waren. Von Reichshof aus wurde das Personal abkommandiert und die RVD Kiew aufgelöst. Das letzte Personal verläßt Reichshof im Mai 1944. *Foto Dipl.-Ing. K. Wenzelburger (29. 3. 1944)*

Beim Befehlszug der RVD Kiew in Reichshof wurden im April 1944 nicht nur die Eisenbahner, sondern auch die eingerichteten Dienstwagen abgerufen. Als Ersatz – soweit überhaupt notwendig – wurden Güterwagen behelfsmäßig für die letzten drei, vier Wochen als Quartier eingerichtet. Das obere Bild vom 9. 5. 1944 und das links vom 4. 5. 1944 zeigen einen umgespurten russischen Wagen mit dem Dreieckszeichen (Profilüberschreitung) und einer sehr seltenen Aufschrift: Deutsche Reichsbahn Riga 1100 GGrussisch. Riga und 1100 wurde später durchstrichen und durch DR Ru RVD Kiew 720026 ersetzt. Über Kapazität und Abmessungen findet man auf dem Wagen folgende Daten: 80 Mann 12 Pferde, Ladegewicht 50.000 kg, Tragfähigkeit 52.500 kg, Bodenfläche 37 m^2, Fassungsgröße 90,5 m^3, Länge über Puffer 14,68 m, Gewicht 22.100 kg (gewogen 3. 3. 1942). Das mittlere Bild bietet einen Blick auf den Südkopf der Gleisanlage für den Befehlszug und die Einmündung in die Gleise des Bahnhofes Reichshof-West, die hinter dem niedrigen Erddamm rechts hinten liegen. Das untere Bild vom 28. April 1944 zeigt den als Badewagen beim Befehlszug eingerichteten Ghs-Wagen mit der seit Juli 1942 angewandten Kurzform der Güterwagenbeschriftung.
Foto Dipl.-Ing. Wenzelburger (4. 5. 1944)

Am 8. 7. 1944 fuhr zwischen Žasliai und Kaišiadoris auf der Strecke Kauen (Kaunas) – Wilna (Vilnius) ein Lazarettzug mit 52 6930 auf einen Kesselwagenzug auf. Die 52 6930 entgleiste; drei Kesselwagen mit Benzin und drei Personenwagen des Lazarettzuges brannten aus. Es gab einige Tote und Verwundete. Rechts hinten einer der ausgebrannten Personenwagen. Blick nach NO, links geht es nach Kauen. Auf dem linken Bild sieht man das Aufgleisen der Lokomotive.
Fotos Wenzelburger (9. 7. 1944)

52 1884 vom Bw Wirballen, durch Minenanschlag von Partisanen entgleist, bei Kozlowa-Ruda auf der Strecke Kauen (Kaunas, Kowno) – Wirballen (Virbalis) – Königsberg. Blick in Richtung Wirballen.
Foto Dipl.-Ing. K. Wenzelburger (14. 6. 1944)

Nach der Einschließung von Wilna durch die Russen erfolgte in der Nacht zum 11. 7. 1944 ein heftiger Luftangriff auf den Bahnhof Kaišiadoris, der damals Betriebsspitze war. Das Bahnhofsgebäude brannte vollkommen aus. Außerdem gab es geringfügige Gleisschäden. Das Bild zeigt zwei große Bombentrichter, aber neben den Gleisen. Blick nach SW. Rechts geht es nach Kauen (Kaunas). Die Güterwagen im Hintergrund zeigen, wie bunt damals der Wagenbestand zusammengewürfelt war: österreichischer Kohlenwagen Km mit DRB-Gattungsbezirk Ludwigshafen Ö (das Ö für Österreich hielt sich auf den Eisenbahnwagen auch dann noch, als der Name Österreich politisch längst ausgelöscht war), reichsdeutscher Kohlenwagen (Gattungsbezirk Halle), slowakischer Tonnendachwagen, reichsdeutscher Kastenwagen, italienischer Kastenwagen, wieder ein reichsdeutscher Kohlenwagen und schließlich (auf dem Bild kaum sichtbar) ein umgespurter sowjetischer Vierachser. *Foto Dipl.-Ing. K. Wenzelburger (10. 7. 1944)*

Im Bahnhof Skuodas in Litauen nördlich von Memel: zwei Schienen-Lkw des Neubauamtes Schaulen (Fabrikat Büssing-NAG, Braunschweig) sind so miteinander gekuppelt, daß sie nach beiden Richtungen fahren können. *Foto Dipl.-Ing. K. Wenzelburger (28. 7. 1944)*

Abteilwagen 66 241 Mz (Mainz) als Dienstwagen 107 der RVD Riga im Bahnhof Wormditt in Ostpreußen südlich von Königsberg. In Oberhaide bei Wormditt hatte die RVD Riga ein Ausweichlager eingerichtet, in dem sich nach der Einkesselung von Riga durch die Russen versprengte Eisenbahner sammelten. *Foto Dipl.-Ing. K. Wenzelburger (15. 8. 1944)*

Draisine der Schmalspurbahn Libau—Alschwangen—Goldingen am Nordrand des Bahnhofs Libau in Lettland. Blick nach Westen in Richtung Hafen. Im Hintergrund das Bahnhofsgebäude.
Foto Dipl.-Ing. K. Wenzelburger (6. 9. 1944)

Im Bahnhof Bixten auf der Strecke Libau—Mitau, zwischen Frauenburg und Mitau. Blick nach Osten in Richtung Mitau. Rechts das Bahnhofsgebäude. Links der Dienstwagen, der dem 'Sonderbeauftragten für Bau' als Büro und Wohnung diente. Es ist einer jener sechs zweiachsigen Gebus-Triebwagen, die die Simmeringer Waggonfabrik, Wien, während der Weltwirtschaftskrise der dreißiger Jahre trotz schärfster internationaler Konkurrenz den Litauischen Staatsbahnen liefern konnte. *Foto Dipl.-Ing. Wenzelburger (7. 9. 1944)*

Bau der Verbindungsbahn Siuxte – Berzupe

Auch nach dem Aufbrechen der ersten russischen Einkesselung von Riga blieb die Eisenbahnverbindung von Riga und Windau mit der Heimat unterbrochen, da Mitau nicht zurückerobert werden konnte und auch größere Eisenbahnbrücken bei Mitau gesprengt worden waren. Zur Wiederherstellung der Eisenbahnverbindung mit der Heimat wurde westlich von Mitau nur 3 km hinter der Hauptkampflinie zwischen den Bahnhöfen Siuxte (Strecke Tuckum – Mitau) und Elisenhof (Berzupe; Strecke Libau – Mitau) eine 22 km lange Verbindungsbahn gebaut. Die Verbindung mit der Heimat ging nunmehr von Tuckum (Strecke Riga – Windau) über die neue Verbindungsbahn nach Frauenburg (Strecke Libau – Mitau) und weiter nach Libau. Nach Kopfmachen ging es weiter nach Prekuln (Strecke Libau – Schaulen) und nach einem weiteren Kopfmachen über die damalige Grenzstation Krottingen nach Memel. Die Verbindungsbahn bei Mitau war 22 km lang und wurde von Eisenbahnpionieren in 12 Tagen (4. – 15.9.1944) erbaut. Um den Zügen das Einfahren und Kopfmachen in Libau und Prekuln zu ersparen, wurden bei Libau und Prekuln zwei kurze Verbindungsschleifen gebaut.

Der wichtigste Zweck der Verbindungsbahn war der Rücktransport einer großen Zahl von Lokomotiven, die im Bereich Riga eingekesselt waren. Sie waren von der RVD Riga in Zügen zu je 30 Lokomotiven auf dem Streckengleis Tuckum – Siuxte bereitgestellt worden. In der Nacht vom 15. zum 16.9.1944 wurde der Betrieb auf der Verbindungsbahn mit einem Bauzug eröffnet, der von Siuxte ohne Zwischenfall Berzupe erreichte. Als zweiter Zug folgte bereits der erste Lokzug mit 30 Lokomotiven, der auch noch gut über die Strecke kam. Darauf folgte der zweite Lokzug, von dem aber fünf Lokomotiven, die 21. bis 25., entgleisten. Die vorderen, nicht entgleisten 20 Lok wurden sofort abgekuppelt und kamen auch noch gut nach Berzupe, womit also schon in der ersten Nacht 50 Lokomotiven über die Verbindungsbahn aus dem Kessel gezogen wurden. Die entgleiste Lokomotivgruppe konnte noch am 16.9.1944 aufgegleist und das Gleis instandgesetzt werden, sodaß in der Nacht vom 16. zum 17.9. der Betrieb über die Verbindungsbahn bei Mitau wieder laufen konnte. Es kam später noch zu einigen Entgleisungen und Unterbrechungen der Verbindungsbahn bei Mitau, die aber alle am jeweils folgenden Tag behoben werden konnten. Der Betrieb war wegen der Frontnähe nur in der Nacht möglich. Die Räumung des Raumes Riga über die Verbindungsbahn zur Heimat konnte etwas über drei Wochen aufrechterhalten werden. Sie wurde erst durch den Vorstoß der Russen bei Krottingen an die Ostsee am 8. oder 9.10.1944 unterbrochen. Aber auch nach dieser endgültigen Schließung des Kessels von Kurland war die Verbindungsbahn bei Mitau noch mehrere Wochen (mit Sicherheit über den 31. Oktober 1944 hinaus) die einzige und äußerst wichtige Verbindung zwischen den beiden den deutschen Truppen zur Verfügung stehenden Bahnstrecken von den Häfen Libau und Windau zur Front. Ob die Russen über diese Verbindung bei Mitau vor oder nach der Eröffnung der Verbindungsbahn Libau – Windau vorstießen, ist dem Bildautor nicht bekannt.

Lokomotive 38 1768 vor einer Brücke zwischen den Bahnhöfen Susten und Wirgen auf der Strecke Libau – Prekuln. Hier wurde später eine behelfsmäßige Wasserentnahmestelle errichtet, da die Züge nach der Eröffnung der Verbindungsbahn bei Mitau in den Bahnhöfen Libau und Prekuln nicht mehr einfuhren und daher dort kein Wasser mehr nehmen konnten. *Foto Dipl.-Ing. K. Wenzelburger (13. 9. 1944)*

Bau der Verbindungsbahn bei Mitau, Baustelle bei km 13 für die Kreuzungsstelle Rumbas, eine von zwei Kreuzungsstellen im Zuge der Bahn. Die zweite Kreuzungsstelle, Elisenhof-West, lag knapp vor Einmündung in die Strecke Libau–Mitau, westlich vom Westende des Bahnhofs Elisenhof (Berzupe), der die Betriebsspitze vor der Front war. Blick nach SW. Links geht es nach Elisenhof, rechts nach Siuxte.
Foto Dipl.-Ing. K. Wenzelburger (14. 9. 1944)

Baustelle bei km 14 der Verbindungsbahn am letzten Tag vor der Betriebseröffnung, die in der Nacht zum 16. 9. 1944 erfolgte. Blick in Richtung Siuxte. *Foto Dipl.-Ing. K. Wenzelburger (15. 9. 1944)*

Ein auf der Verbindungsbahn entgleister Lokzug, etwa bei km 12 unweit des Kreuzungsbahnhofs Rumbas. Blick nach Norden in Richtung Siuxte. *Foto Dipl.-Ing. K. Wenzelburger (16. 9. 1944)*

Die 5 entgleisten Lokomotiven (getarnt). Blick nach Süden in Richtung Berzupe. Instandsetzen des Gleises durch Eisenbahnpioniere. *Foto Dipl.-Ing. K. Wenzelburger (16. 9. 1944)*

Bau der Verbindungsbahn Libau – Windau

Von der das Gebiet nördlich von Libau (Liepāja) erschließenden Schmalspurbahn Libau – Goldingen wurde im Herbst 1944 das südliche Teilstück Libau – Alschwangen (rund 50 km) zur Vollspurbahn umgebaut. Soweit das per Schiff aus Königsberg herangebrachte Vollspurgleismaterial (siehe Bild) nicht ausreichte, wurden die Schmalspurschienen einfach auseinandergeschoben und die Schwellen dichter verlegt. Die Befahrbarkeit der Schmalspurschienen mit Vollspurlokomotiven erwiesen Probefahrten auf einem Anschlußgleis in Libau am 20. 10. 1944 unter persönlicher Anwesenheit des Generals für Transportwesen Nord. Anschließend an diese Umbaustrecke errichtete man von Alschwangen bis Windau (rund 70 km) eine neue Vollspurbahn, womit eine Vollspurverbindung Libau – Windau bestand. Bis zur Abreise des Bildautors aus Libau am 1. 11. 1944 war der Großteil der Schmalspurschwellen gegen Vollspurschwellen ausgetauscht und der Unterbau der Strecke Alschwangen – Windau fertig. Auch vom Oberbau dieser Strecke lag damals schon ein großes Stück. Nach dem Kriege erzählte ein Bauzugführer, daß die Verbindungsbahn Libau – Windau noch vor Kriegsende fertig wurde und einige Zeit in Betrieb war, ja daß sogar das zunächst verwendete Schmalspurmaterial noch gegen Vollspurmaterial ausgetauscht wurde.

Blick nach Norden, in Richtung Siuxte. Aufgleisungsarbeiten bei einer der fünf entgleisten Lokomotiven.

Foto Dipl.-Ing. K. Wenzelburger (16. 9. 1944)

Eine entgleiste Lokomotive auf einer kleinen Brücke über einen Panzergraben. Blick nach Westen. Rechts geht es nach Siuxte, links in den Kreuzungsbahnhof Rumbas und weiter nach Elisenhof (Berzupe).

Foto Dipl.-Ing. K. Wenzelburger (16. 9. 1944)

Umspuren der Teilstrecke Libau – Alschwangen der Schmalspurbahn Libau – Goldingen auf Normalspur. Am Beginn der Strecke, zwischen den Bahnhöfen Libau und Kapseden. Blick nach Norden in Richtung Kapseden – Alschwangen.
Foto Dipl.-Ing. K. Wenzelburger (22. 9. 1944)

Der Befehlszug der Außenstelle der RBD Königsberg im Güterbahnhof von Libau. Ausheben von Splitterschutzgräben. Rechts geht es zum Handelshafen und links in großem Bogen um das Ausbesserungswerk herum in den Personenbahnhof. *Foto Dipl.-Ing. K. Wenzelberger (13. 10. 1944)*

Der schwere Fliegerangriff auf Libau am 9. 10. 1944: Am Abend des 9. 10. 1944, nach dem Vorstoß der Russen an die Ostsee bei Krottingen und nach der endgültigen Einkesselung des Kurlandes, griffen Flugzeuge den Bahnhof Libau an, den Räum-, Benzin- und Munitionszüge füllten, die noch aus dem Raum Riga kamen, denen aber der Weg nach Süden versperrt war. Im ganzen Bahnhof Libau gab es schwerste Schäden. Vor allem sein Ostteil bildete einen einzigen, wüsten Trümmerhaufen. Die Aufräumungsarbeiten dauerten über eine Woche und wurden durch einen weiteren, kleineren Fliegerangriff am Abend des 14. 10. 1944 schwer behindert, bei dem zum Überdruß auch der 45 t-Eisenbahnkran, das einzige wirksame Großgerät, das für die Aufräumungsarbeiten zur Verfügung stand, beschädigt wurde. Blick von einem kleinen Ablaufberg im Gleis 19 nach Osten auf das Eisenbahnausbesserungswerk.

Fotos Dipl.-Ing. K. Wenzelburger (10. 10. 1944)

Aufräumungsarbeiten in der Trümmerstätte der Gleise 15 bis 19. Blick nach Osten auf das Eisenbahnausbesserungswerk. *Foto Dipl.-Ing. K. Wenzelburger (15. 10. 1944)*

Ein kleiner Rangierunfall am Westkopf des Bahnhofs Libau hatte böse Folgen. Die Lokomotive der Schmalspurbahn Libau – Goldingen fuhr einer Rangierabteilung in die Flanke und entgleiste. Dadurch wurde nebst den schweren Fliegerschäden im Ostteil des Bahnhofs vom Vortag (siehe Bilder) auch noch die Einfahrt in den Winterhafen und die ganze Rangiertätigkeit am Westkopf gesperrt. Blick nach Osten.

Foto Dipl.-Ing. K. Wenzelburger (10. 10. 1944)

Ein Ausschnitt aus dem großen Trümmerhaufen in der Gleisgruppe 15 bis 19 im Ostteil des Bahnhofs Libau. Die Sauerstofflaschen dieses zertrümmerten Waggons erwiesen sich allerdings bei den Aufräumungsarbeiten als große Hilfe.

Fotos Dipl.-Ing. K. Wenzelburger (10. 10. 1944)

Bau von Fähranlagen zur Verschiffung von Lokomotiven

Im Winterhafen in Libau und im Hafen von Windau wurde im Herbst 1944 je eine Fähranlage zur Verladung von Lokomotiven auf Trajektschiffe, die den Verkehr zwischen Rügen und Schweden besorgten, errichtet. Knapp vor der Fertigstellung der Anlage in Libau versenkten Flieger am 27.10.1944 im Winterhafen einen Tankdampfer, der die Zufahrt zu dieser Fähranlage sperrte und ihre Benützung also unmöglich machte. Auf dem Foto ist die eiserne Fährbrücke bereits eingeschoben, aber noch nicht abgesenkt. Blick nach Westen auf das Hafenbecken. Im Hintergrund rechts brennt der versenkte Tankdampfer, der die Zufahrt zur Fähranlage sperrte. Die Anlage mußte an eine andere Stelle verlegt werden.

Foto Dipl.-Ing. K. Wenzelburger (28. 10. 1944)

Nach dem Sieg über Deutschland begrüßt die sowjetische Bevölkerung heimkehrende Soldaten mit großem Jubel. Die Aufschrift besagt: *Ruhm den mutigen Kriegern der heldenhaften Roten Armee.*

Sowjetunion, März 1975

Die Eisenbahn an sich ist weder gut noch böse. Wie diese grandiose Erfindung verwendet wird, liegt allein in der Entscheidung des Menschen. Die Eisenbahn kann nichts dafür, wenn sich die Machthaber ihrer bedienen, um Andersdenkende oder Unerwünschte aus der Heimat abzutransportieren
oder gar in Vernichtungslager (Foto unten: Gleisanschluß des Konzentrationslagers Auschwitz-Birkenau) zu bringen, welches Schicksal im Zweiten Weltkrieg Millionen Menschen widerfuhr. Es liegt nur an uns, zu verhindern, daß technische Errungenschaften mißbraucht werden.

Bildquellennachweis:
Archiv der Stadtverwaltung Hanau
Öst. Gewerkschaftsbund

39.80 11/8